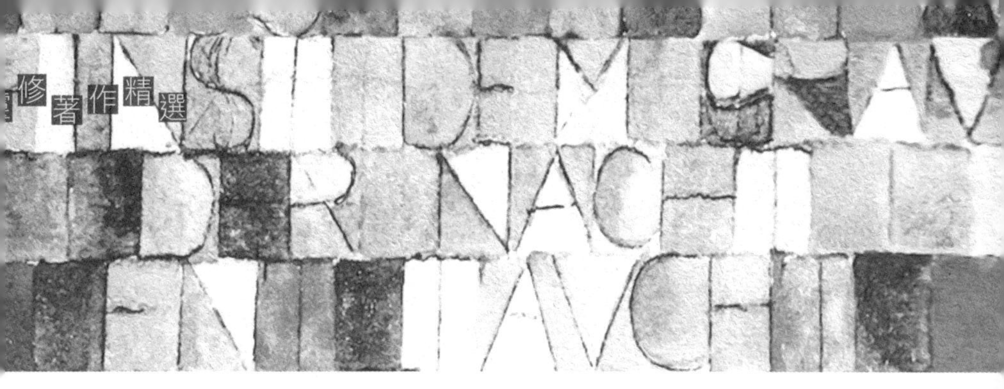

靈命操練禮讚

新譯版

傅士德 著／黃大業 譯

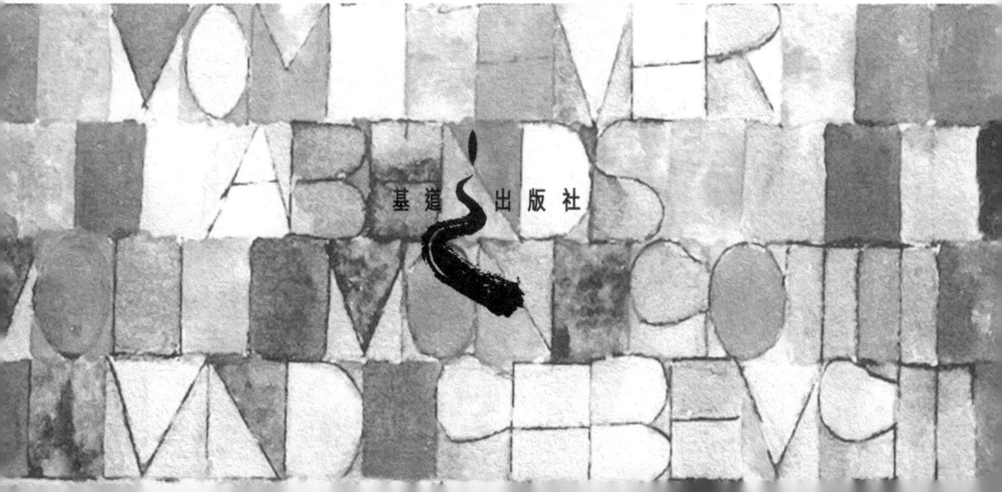

▼

靈修著作精選

靈命操練禮讚

Celebration of Discipline

The Path to Spiritual Growth

作者
傅士德 Richard J. Foster

譯者
黃大業

責任編輯
余雪

裝幀設計
奇文雲海 · 設計顧問

■

出版 / 發行
基道出版社
香港沙田火炭坳背灣街 26 號富騰工業中心 10 樓 1011 室
LOGOS PUBLISHERS
Unit 1011, 10/F., Fo Tan Ind. Centre, 26 Au Pui Wan St., Shatin, Hong Kong
電話：(852) 2687-0331 傳真：(852) 2687-0281
網址：https://www.logos.com.hk

承印
陽光（彩美）印刷有限公司

●

7/2017 初版
Cat. No. LP663
ISBN: 978-962-457-543-9

刷次	15	14	13	12	11	10	9	8	7	6
年份	2033	2032	2031	2030	2029	2028	2027	2026	2025	2024

目 錄

鳴謝

1978

最佳的寫作環境，是羣體。本書得以寫成，端賴我身邊一眾肢體，他們的生命經歷，使本書提倡的理念顯得有血有肉。魏樂德（Dallas Willard）的友情與教導，讓我醒悟靈命操練的意義和必要性。他的生命見證，是本書各樣道理的體現。

我尤其要向碧絲（Bess Bulgin）致謝，她常懷禱告的心，小心翼翼，不斷翻看本書每字每句，她的語感大大加添了本書的可讀性。波爾斯伉儷——肯爾和黛莉絲（Ken and Doris Boyce）對我的不住勉勵與熱誠，是莫大的支持，遠超他們所想。康妮（Connie Varce）替我打字，幫我檢查文法，始終保持樂觀……對我幫助極大。瑪麗（Mary Myton）不辭勞苦地用打字機把我的初稿及最後定稿打出來。史坦（Stan Thornburg）透過他的言行與生命，向我展示服事的操練。蕾切爾（Rachel Hinshaw）慷慨地為本書進行專業校對……我對他們一一致謝。我尤其要感謝我當時事奉的教會紐柏格公誼會(Newberg Friends Church)支持我的寫作計劃，並提供幾個禮拜的假期，讓我完成本書。我要特別向伍華德(Ron Woodward)致謝，他是我的牧職同工，因著我的告假，他的職事負擔加重了，我十分感激他。

我感激內子卡路蓮(Carolynn)，還有兩個孩子：約珥(Joel)、拿單(Nathan)，他們在我寫作期間額外忍耐，謝謝你們。

1988

《靈命操練禮讚》初版至今十年了，我仍然覺得最佳的寫作環境，是羣體；惟一的分別，是昔日讓我獲益良多的那個羣體，今日增長了許多。過去十年不少人寫信給我，有鼓勵，有質疑，有指正，有啟迪，此外更有人親自對我敞開心扉，與我分享他們的掙扎、學習、成長。他們教曉我許多關乎靈命的事，因此我可以進行本書的修訂。

我尤其感激內子卡路蓮，多年來教曉我許多與上帝同行的道理，這是難以言喻的。我這次又將本書獻給她，箇中意義比十年前深刻了許多。我也要向我的行政助理琳達(Lynda Graybeal)致謝，在這修訂版的許多細節上，她竭力盡心，不辭勞苦。

在我修訂本書期間，對文字的限制感受至深。論到給上帝的真理作見證，文字頂多是個破漏百出的器皿。我們誠然是「彷彿對著鏡子觀看，模糊不清」。但我感受更深的，是上帝竟然能夠使用如此不足、不完美、不靈動的紙上文句去改變生命！這是怎樣做到的，我一點頭緒都沒有。這實在是恩典神蹟，並且指向一個事實：假若本書令你的生命有所造就，功勞不在於我，*Soli Deo Gloria*，榮耀獨歸上帝！

1998

二十年前我寫道：「最佳的寫作環境，是羣體。」十年前我再次確認這個宣言，並加上一句：「惟一的分別，是昔日讓我獲益良多的那個羣體，今日增長了許多。」此刻光景猶勝當日，兩倍，三倍。

然而我要指出一個分別，是十年前未有的：這個不斷壯大的羣體，有部分成員已經走過「死蔭幽谷」，如今到了彼方，我深信他們已獲得至樂與整全的滿足。

首先踏上這旅程的是碧絲。昔日我寫這本書時，每個禮拜都跟碧絲見面，聽她對我的文稿提出意見。碧絲是詩人，總以詩人的眼光看待我的遣詞用字。我們的關係不止於修訂文稿，其後更成了好朋友，無所不談，我們的友誼持久、豐沛。

其後我搬家了，當時不肯定會否再有機會與碧絲見面，不料後來有此機會，但我和她都有預感：那將會是我們最後一次見面。我們對此其實不大介懷，反而把握機會談天說地，緬懷一番。她向我讀了一篇剛寫成的詩，我向她顫聲讀出《納尼亞傳奇》(*The Chronicles of Narnia*)最後一卷最後一段：「……其後開始出現的事，太好太美，我無法予以記述。對我們來說，這是一切故事的結局，我們真心相信他們從此快快樂樂地生活下去。但對他們來說，這僅僅是真實故事的起點。他們在這世上活過的人生，還有在納尼亞的所有歷險，都不過是書的封面和首頁——如今他們終於走進了這偉大故事的第一章。這故事世上無人看過；這故事永無終篇；這故事的精采，一章勝似一章。」

讀完後，我們二人默默坐著，不發一言。然後我走了，回到我的新居。此事之後不久，碧絲也走了，她去的地方也是她的新居，在死蔭幽谷的彼方。

失落，是我們必須面對的現實，一次，兩次，也許還有很多次。因此，請聽查理士．衛斯理（Charles Wesley）一首振奮人心的樂章：

死亡使我與友分離
主祢沒責怪我傷悲
不因我淚皺眉
卻不容我過度傷悲
要我冷靜沉著哀鳴
因友已歸祢懷

在我心底盼望不死
啾啾我靈默默奮起
越過如山重擔
救我離死離苦離悲
終於重見我友臉容
在主慈愛膀臂

尚有片刻重現眼前
逝去過者當即蒙福
曾失將要復得
你要向我發出誥諭
分離好友轉眼重聚
在那永恆日子

代 序

世上有許多講論內在生命的書，但能夠揉合獨創性與智性化真誠的，卻不多，而這正是傅士德力之所及。他飽覽眾多靈修經典著作，如今寫成的書，是精心研讀的成果——縱使這種研讀本身已深具長久的價值。本書雖然從經典吸收了許多養分，卻不是經典的註釋，而是真真正正具獨創性的作品。

最令人驚喜的，是這本書無所不包。很多當代著作只講內在生命的某個範疇，但本書卻觸及各式各樣的重要題目。它的清新可喜，源於它的大膽直接。作者定意審視多而又多的靈命經驗，從認罪到簡樸再到喜樂。正因為成品是博覽羣書、慎思明辨的結果，這不是一本可以輕輕快快讀完的書。

書中的內容、洞見，源頭有許多，但主要來自聖經及公認的靈修經典，但這些還不是作者寫作靈感的所有來源。細心的讀者會發現，作者不少啟發，乃來自非基督教思想家。此外，作者自己屬於公誼會（Quakers；又譯「貴格會」），公誼會思想巨擘的影響顯而易見，包括喬治．福克斯（George Fox）、伍爾曼（John Woolman）、史哈拿（Hannah Whitall Smith）、托馬斯．凱利（Thomas Kelly）等。我這樣說並非意在強調作者所屬宗派，反倒是想指出本書所蘊含的跨宗派合一精神。真正的洞見，實不應囿於任何宗派圈子，本書呈現給讀者的，正是大公分享的精神。

本書講論簡樸的一章尤其可貴，其中一個理由是它具有深度。當中的「十個關乎外在表現的簡樸原則」，內容已豐富得足以撰寫另一本講論靈命的書了。這十個原則雖然靈感源於古代智慧，但經作者演繹，竟然極富當代氣息。

作者很明白對簡樸的強調，有機會令這操練變成隱患，所以他不甘於向人直接提供穿衣服的「簡樸法則」，雖然他也會毫不拐彎地明訓：「算了吧！有需要才買。」這樣的訓示是前衛的，如果人人遵行，許多人就能脱離廣告的魔爪了——特別是電視廣告的魔爪。此外，只要有足夠多的人遵行作者那犀利的「不要積存東西」的訓示，真正的文化革命必然要來到。

我們這時代最大的問題不關乎科技，科技問題不難解決。最大的問題甚至不關乎政治或經濟，雖然這些領域的問題顯而易見，但它們大部分都是衍生出來的。今日最大的問題關乎道德與靈性，除非我們在這兩個領域有所改善，否則世人能否生存也成問題。昔日所有先進文明步向衰敗，都是從道德與靈性的衰敗開始的。為此原因，我為一本教人培育靈命的好書的出現，欣喜不已。

杜魯柏（D. Elton Trueblood）謹識

譯序

許多經典著作都有令人難忘的開場白，傅士德的《靈命操練禮讚》也不例外：「淺薄，是我們這世代的詛咒。總要獲取即時滿足，是最大的靈性問題。」幾十年前的兩句話，今日讀來絲毫沒有過氣的感覺，反而令人驚歎昔日傅士德的評語，於今竟然益加確切。

《靈命操練禮讚》寫於四十年前，那是一個還沒有個人電腦、手機、互聯網、社交媒體、全球一體化、資訊革命的世界。在那環境中寫成的一本教人怎樣過基督徒生活的書，何以能夠不斷再版，歷久不衰，成為一代代信徒的靈命指南？真是個奇迹。

惟細看本書內容，其豐富深湛與井然有序，堪稱靈命栽培全備手冊，能夠成就一個出版奇迹，殊非僥倖。默想、禱告、禁食、研習，這四項被歸類為「內在的靈命操練」，僅憑這點，已大大超越一般信徒單單謹守祈禱讀經的靈修操練。然後是「外在的靈命操練」：簡樸、獨處、順服、服事——後兩者我們較熟悉，亦較容易扭曲並濫用它們；前兩者是已失落的屬靈遺產，尤其是簡樸，這個八十年代香港基督教圈內曾經熱烈討論的操練，如今彷彿明日黃花，教人不勝唏噓。獨處，在香港似乎可望不可即，但經本書提點，又並非不可行（翻譯本書期間我特意前赴長洲某退修中心避靜三天，實地體會獨處的可貴，獲益良多）。最後還有「羣體的靈命操練」：認罪、敬拜、指引、歡慶——在今日道德信仰多元的社會氛圍，如何在教會中實踐「彼此認罪，互相代求」，而不流於個人化形式主義，或教條式矯揉煽情？關乎認罪、指引的操練，又如何在羣體中進行？我們實在需要具體而微的指導。

傅士德看人生為一段攀登崇山的歷程，而靈命操練，正是那條漫長曲折的山脊窄路。今日世界交通發達，花十數小時即可跨越半個地球，要人花一生時間，一步一腳印去攻克靈命操練之山巔，是難以想像的！然而，效法基督、成就上帝美意，委實別無他法。歷代聖徒的經驗告訴我們，邁向靈命成熟之境，惟獨靈命操練一途。

這本精采小書，建議你先從〈代序〉讀起。杜魯柏這篇文章，是本書的最佳導讀。然後，建議你跳過〈導論〉，從第一章順序讀下去——這個順序十分重要，因為作者在構思全書架構時，刻意一環扣一環地寫下去：下一個操練乃是建基於上一個操練。此外，本書不僅引導你思考靈命操練之道，實踐可能是更重要的鍛煉！建議你逐項靈命操練邊讀邊學，實踐過後毋忘反思，再實踐，再反思……完成十二項操練過後，就像一年過了十二個月，又可重新開始新的一年，周而復始，邁向山巔。

讀完第十三章，才回頭看〈導論〉，以及〈導論〉之前的內容，你會更有得益，更有體會，更多感動。

最後，你若問我：如何知道這本書是不是適合自己？我認為最好的測試方法，是你自己翻開第一章讀一遍。如果大有感動，心裏火熱，那麼這本書正是你的靈命所需要的；如果沒有甚麼感覺，甚至看不下去，且把本書擱下好好收藏，留待將來之用吧。本書就像一幅精確的地圖，你沒有興趣看它，不是因為它不管用，而是你仍未在旅途上認真探索罷了。相信我，你會用得著它，我只盼你能早日發現這個事實。

黃大業　謹識

二〇一七年六月六日

導論

上帝使用紙上的符號在人的心思中動工，這總教我訝異不已。這些符號究竟是怎樣化為字母、文字、語句、意義的？今日當我們認識了大腦神經遞質的部分功能、安多酚如何影響學習與記憶，可能已經得意洋洋；但只要我們夠誠實，就必承認，思想本身是一大奧祕。人惟一合宜的反應，是將榮耀歸給上帝。

《靈命操練禮讚》初版至今已有二十年（譯註：本文寫於一九九七年）。十年前出版社為了誌記本書出版十週年——他們肯定對本書長期廣受歡迎百思不解——邀請我修訂全書，我欣然答應了。如今又過了十年，不解仍存。沒有人知道是甚麼原因，總之不斷有人覺得本書能夠幫助他們每天與上帝同行，因此本書不斷印行。如今二十週年了，出版社邀請我補寫一篇導論，我又欣然答應了。這樣吧，不如我告訴你，你手上這本書是怎樣寫成的吧。

靈命枯竭

當我從神學院畢業，我感到自己已準備好征服世界！我的第一個崗位，是服事南加州一個繁盛地區的一家小教會。我幻想：「這裏正有我向宗派領導層——不！全世界——展示才幹的大好機會！」相信我，當時的我確是躊躇滿志，直到前任牧者與我見面，搭著我的肩膀對我說：「唷，傅士德，輪到你在這沙漠中咯！」他的話令我心中**起了個疙瘩**，不過我很快將它掃平。「這教會會成為照在山上的明光，人們會湧來這裏！」我真是那樣想，真是那樣相信。

約莫三個月後，我將所知一切傾力盡授這個小羣體，但不見絲毫效益。我再也沒有甚麼可以給他們。我的靈命已經枯竭，我很清楚。所謂「照在山上的明光」，落得如斯田地。

我的問題不是缺乏主日講道材料，而是我所講的道，不能幫助會眾。我的講道沒有內容，沒有深度。會眾渴求從上帝而來的話，而我給不了他們，一點都給不了。

三個影響匯聚而成

然而有三個影響，在上帝的安排下，出現在那教會，改變了我的事奉方向，也改變了我的人生方向。這三個影響匯聚起來，為我個人提供了我所需要的內容和深度，其後更觸發我著筆撰寫《靈命操練禮讚》——這是後話了。

第一個影響，源於我的小教會突然湧來一羣大有需要的人，他們真的洶湧而至，又十分渴求靈命養分，幾近願意付出一切去換取的地步。他們是現代社會飛黃騰達文化的失敗者——被踐踏、被唾棄、被出賣——他們的需要顯而易見。同樣顯而易見的，是我提供不了甚麼實質的牧養關顧給他們。

我在靈裏的匱乏，驅使我本能地向基督教靈修大師求助——奧古斯丁（Augustine of Hippo）、聖方濟各（Francis of Assisi）、茱莉安（Julian of Norwich），還有其他聖人。我隱約覺得這些古代聖哲的生命與寫作所散發的屬靈香氣，正是我教會那些新朋友熱切追求的東西。

當然，我在學術圈接觸過這些著作，但那是抽離的、只關乎理智的閱讀。如今我的眼光很不一樣，因為天天面對著錐心挫骨、撕心裂肺的人間疾苦。上述「聖徒」——我們對他們的稱謂——認識上帝的方式，是我從未經驗過的。他們經驗到的耶穌，是活生生的、與生活緊扣的。他們的眼中燃燒著對上帝的渴慕，其他偶像全無置喙餘地。他們的生命建造在磐石上。

不論我讀的書作者是誰——《與神同在》（*The Practice of the Presence of God*）的作者勞倫斯弟兄（Brother Lawrence）、《靈心城堡》（*The Interior Castle*）的作者大德蘭（Teresa of Ávila）、《伍爾曼日記》（*The Journal of John Woolman*）的作者伍爾曼、《認識至聖者》（*Knowledge of the Holy*）的作者陶恕（A. W. Tozer）——他們認識上帝的方式，遠超我的體驗，甚至遠超我想要的體驗！當我沉醉在這些飽嘗上帝愛火淬煉的聖徒的事迹之中，我開始渴慕這種生命經歷。渴慕促人尋找，尋找終於尋見——而我尋見的，使我沉澱、深邃、剛強。

第二個影響來自我那小羣體中的一個人：魏樂德，他是哲學教授，博覽羣書，通曉經典，同時對時局世情有敏鋭的觸覺。他在我們剛成立的小組授課——羅馬書研讀、使徒行傳研讀、登山寶訓研讀、靈命操練之道等——不論教的題目是甚麼，他總會引導大家從更高的角度看問題。他的教導以生命為本，尊重經典著作，並賦予它們當代的意義。他的教導為我提供了世界觀（*Weltanschauung*），令我可以整合聖經與學術研究。

魏樂德的教導，不是一般的教導，而是交心的溝通：一端是世界一流的哲學工作者，另一端是一小羣身處社會底層的基督徒。他直接回應我們的掙扎、傷痛、恐懼。他讓思想沉澱至內心，從內心深處發出教導。

許多年後的今天，那些教導/生活片段/禱告時刻依舊歷歷在目，震撼如昔。毫無疑問，那是「羣體中的教導」，我們的課堂在各人家中進行——同笑，同哭，同學習，同禱告。最好的教學時光，就是深夜時分在各人家中的互動——問答，辯論，將福音信仰應用在生活中。魏樂德風塵僕僕，教導不斷。他滿有教導的恩賜，帶著智慧、熱忱，真心，讓人時刻省察上帝的同在。

第三個影響源於一位信義宗(Lutheran)牧師：瓦斯威(William Luther Vaswig；德國味十足的姓氏，而且聖名是路德，他怎能不牧養信義宗教會？)。朋友稱呼他比爾。比爾牧養的教會又大又有影響力，非我牧養的公誼會小教會可比。不過吸引我的不是他的教會有多大，或多具影響力，或他是信義宗牧師；吸引我的是他對與上帝有關之事情的渴慕。我對他說：「比爾，你對禱告的認識比我多得多，可以將你所知的一切教我嗎？」

比爾透過禱告——生動、坦率、真誠、扎心、好笑的禱告——教我禱告。我們一起禱告一段時日後，開始經驗到蓋恩夫人（Madame Guyon）所說的「甜蜜地融進上帝裏」。蓋恩夫人的經驗非她獨有，其他靈修大師也曾以類似字眼，描述他們經驗到的「甘香」。

我的禱告操練其實雙管齊下，除了比爾的同行，我還有另一位禱伴，就是意志非凡的姊妹同工碧芙（Beth Shapiro）。碧芙是我教會的長老，本業是醫院護士。她在當值夜班後，會逕往教會，在一大清早與我花一兩個鐘頭為會友及非會友——還有各種各樣想到的事情——禱告。

禱告過後，我們會談天說地：神學、信仰、人生，無論我們談論甚麼，碧芙都會將各樣道理踐行在醫院的工作中，並事事予以察驗。譬如我們談論了聖經提到的「按手禱告」，碧芙回到醫院，就會按手在早產嬰孩上，為他們默默禱告祝福，然後見證他們得醫治、得康健。這就是碧芙會做的事，不是偶爾為之，而是經年累月。碧芙的實踐讓我學到寶貴的功課：屬靈道理必須落實在真實的人類生活中。

上述三個影響在我剛開始牧職的歲月中匯聚而成，帶來靜靜的革命，遍及我的內裏與外在。我教會中那些飢渴慕義者，也願意踐行自己學到的一切。那是眾人萬分興奮的日子，大家都覺得有大事即將發生。如今回想，那是各人生命歷經錘煉砥礪的日子，許多經歷後來成為《靈命操練禮讚》的素材。不過上述影響並沒有驅使我著手寫作；驅使我著手寫作的，是別的因素。

三個催化劑

有三個截然不同的催化劑，促使我寫作本書。第一個是比爾・凱達思（Bill Cathers）。他曾經到海外宣教，是個極有智慧與明辨恩賜的人。事情的經過是這樣的：我花了三天禁食禱告後，心中有個感動：要打電話給比爾，請他為我禱告——上帝給我的指引就是這樣了，不多不少，我完全不知道要他為我祈求甚麼，甚至不知道為甚麼要他為我禱告。無論如何，他答應了。

比爾來到我面前，卻率先對我說，他想我聽他認罪！我頗錯愕，暗忖：「他怎麼了？他可是靈性宗師哦！」我默默聽他認罪，他說完了，我向他宣告約翰一書一章9節的寶貴應許：「我們若認自己的罪，上帝是信實的，是公義的，必要赦免我們的罪，洗淨我們一切的不義。」

比爾認罪過後，望著我的眼睛——他彷彿看得穿我的心事——並說：「好了，現在你還希望我為你禱告嗎？」他真的看得穿我的心事！他明明知道我崇拜他，以他為屬靈領袖，如今他親自將那崇拜拆毀！他的明辨力使我清醒過來，我簡單回應說：「想。」

他按手在我頭上為我禱告，那是我最深刻的禱告經驗之一，那震撼與影響如今仍在。我不懂得如何描述那個禱告的長、闊、高、深，我只能告訴你一句出自他口、滿有權能的預言：「我為你祈求寫作的恩賜。」

我渴求寫書多年了，但從沒有對任何人說過這心中的祕密——太羞於啟齒了。比爾為我禱告之際，我感覺到一種寫作的力量與呼召。撰寫《靈命操練禮讚》是幾年後的事，但我從那時開始為雜誌撰稿，寫了不少文章。

第二個催化劑是杜魯柏，他是備受尊崇的多產作家，已撰寫三十六本書。其時我在美國西北部一家被「教會增長專家」定義為「大教會」的堂會服事，我是一個頗具創意的牧養團隊其中一員。那是堂會萬事順遂之時，我的角色似乎可有可無；那也是個反思所學的時刻，我所學的，究竟有沒有更大的應用機會呢？

記得我當時參加了一個公誼會全美領袖大會，其中一個講員就是杜魯柏。大會過後，我和同工伍華德多留了幾天，為未來幾個月的講道做好準備。

有一天我在旅館大堂與杜魯柏博士相遇，他對我——一個他完全不認識的人——極其關心與友善，這絕非言過其實。他跟我談了一會，忽然問我正在寫甚麼書，我被殺個措手不及，結結巴巴回應說自己還沒有預備好寫書，不過剛好在寫幾篇文章。他聽完我的話，然後說：「嗯，那很好，但你必須**盡快**開始寫書啊！」他的話帶著權柄與分量，在我腦中揮之不去。就在那一天，他那帶著權能的話，說進我心坎裏。

回到家中，我放膽寫了一封信給杜魯柏，告訴他我其實有個寫作計劃，並附寄了一段內容撮要給他——《靈命操練禮讚》的內容撮要。他回了一封很友善、充滿勉勵的信給我，並附一個嚴肅的建議：「你要確保每一章可以驅使讀者追看下一章。」我就是憑這建議，決定《靈命操練禮讚》內容的編排順序。

還有第三個催化劑。頭兩個是突如其來與戲劇化的經歷，第三個是漫長而不經意的經歷，來自波爾斯伉儷：肯爾和黛莉絲。他們是我多年好友兼「家長」——尤其在我父母安息後。

他們對我的幫助不勝枚舉。當我還在研究院，黛莉絲經常用打字機把我的論文打出來（在那些沒有電腦的日子），包括我的博士論文。她常稱讚我的論文——就連那些她看不懂的艱澀難明的學術作品，她也不吝賜讚。

多年來肯爾與我不斷談論職場神學，並以實際事例向我說明。黛莉絲不停鼓勵我，有時甚至鼓勵過頭了。他們都會警誡自己不要過多評論我的寫作，卻又毋忘肯定我的努力。他們從旁不住為我打氣，在我懷疑自己之際，仍向我投以信任。

在某個關鍵的時刻，他們讓我使用他們的露營車，令我可以心無旁騖地寫作。我在裏面整天不斷構思意念，咬文嚼字，鋪排內容，再構思，再修改……《靈命操練禮讚》頭幾章，就是這樣寫出來的。

這三個經歷催生了我的寫作生涯。但寫書不等於出版，而我當時對出版世界——經理人、編輯、藍紙、校對——一無所知，要將文稿付印成書，完全在我能力以外。

三個安排

在俄納岡州波特蘭市有個寫作人研討會。我其實早已有約，不能參加任何活動，但我依然付全額費用報名，只為了有一個跟 Harper & Row 代表面晤十分鐘的機會。Harper & Row 是著名出版社，出版內容包羅萬有，包括頗不俗的宗教類和純文學。當時我不知道的是——如今回想起來幸好我不知道——從來沒有未出過書的作者能接觸著名出版社的代表，洽談出書計劃。

與我面晤的，是 Harper & Row 的宗教類主編卡萊爾（Roy M. Carlisle），我們談得相當愉快，他叫我寄一份詳細的寫作計劃書給他。我回家後馬上做了，並且在附寄的信上寫了這麼一句：「這本書是為那些對現代社會文化——包括現代宗教文化——的淺薄菲陋大失所望的人寫的。」

卡萊爾先生的回信十分及時，我永難忘記他第一句話：「簡言之，我們對你的計劃書大感興趣。」那一年有七百多份文稿向他們叩門，我的文稿是惟一獲採納的。為甚麼呢？我難以想像。

另一件我當時不知道的事情，幾乎同時發生。就在我與卡萊爾先生面晤的同期，杜魯柏將我的寫作大綱寄給了 Harper & Row 的宗教類主管卡爾森（Clayton Carlson），並附上一封誠摯的推薦信。杜魯柏三十六本書全由 Harper & Row 出版，他與卡爾森有多年交情。這件事無疑有助我的書出版，惟我對此毫不知情，要到二十年後的今天，才由卡爾森口中得悉。杜魯柏對此從未提過半句。

最後還有一樣：我的計劃書獲採納了，但我馬上面對一大難題——當時我在教會職務不輕，包括講道、醫院探訪、輔導等，需要全時間投入。眼看交稿期限愈來愈近，我焦慮不已。如何是好？我知道如此下去，將無法如期交稿。怎麼辦呢？我毫無頭緒，惟一選擇，似乎就是放棄。

在這危急之秋，團隊事奉模式發揮作用。我們事奉團隊的頭領伍華德挺身而出，主動承擔我所有講道差事，直到我寫完全書，這實在是極大的恩惠與犧牲。教會一眾長老也確認我的寫作職事，視之為對廣大基督教羣體的服事，於是批准我擱下牧養職務，專心寫作。我總算不負所託：三十三天之久，我每天伏在案上寫十二至十五個鐘頭，雖然只是初稿，但全書輪廓總算出來了。這種暫擱其他所有關注與責任，只專心寫作的時光，是我此前不曾有過、此後也未嘗有過的。對我來説，是教會一眾長老、伍華德及教牧團隊那受聖靈感動的無私決定與行動，促成了《靈命操練禮讚》的面世。

那麼，這本書究竟是甚麼呢？讓我告訴你吧：不過是白紙上的符號而已。然而看啊！靠著上帝的恩典，它成為上帝改變人心的工具，轉眼已經二十年了。為此我感激上帝。它將來會怎樣？我欣然將之交付上帝安排。*Soli Deo Gloria*，榮耀獨歸上帝。

傅士德　謹識

一九九七年九月

1

靈命操練：通向釋放之門

回望一生，我是個奔向永恆的過客，按照上帝的形象受造；惟這形象被污損，必須受教，才會懂得默想、敬拜、思量。

高根（Donald Coggan）

淺薄，是我們這世代的詛咒。總要獲取即時滿足，是最大的靈性問題。我們今日最需要的，不是更多聰明人、天才，而是更多有深度的人。

靈命的經典操練* 呼喚我們透越浮淺，進到深處；它們邀請我們探悉屬靈境界的深穴，催促我們成為眼前空洞世界的答案。伍爾曼說得好：「進到深處是好事，可讓你感受並體悟人的心腸。」[1]

我們切不可誤信靈命操練不過是屬靈偉人的事，因此高不可攀；或它只是那些奉獻所有時間在禱告默想上之默觀者的專

---

* 你可能覺得奇怪，為何本書講述的操練會被稱為「經典」? 它們是經典，不因它們古老（雖然許多世紀以前的忠心信徒早已進行這些操練），而是因為它們是踐行基督信仰的核心元素。或多或少，所有靈修大師都堅信這些操練委實不可或缺。

利。恰恰相反，上帝期望進行靈命操練的，是平凡人，就是上班的人、照料孩童的人、洗碗刈草的人。事實上，進行靈命操練的最佳環境，就是與丈夫妻子、弟兄姊妹、朋友鄰居交往的關係網絡。

我們也不要將靈命操練視為沉悶的苦差，只為消滅人世間的歡笑。喜樂是所有靈命操練的主調。靈命操練的目的，是讓人脫離私利與恐懼的重軛。它能夠令心靈得釋放，得自由，怎可能是沉悶的苦差呢？靈命操練的相關詞，是歌唱、舞蹈，以至歡呼。

從某種重要的意義上來說，靈命操練不是難事。* 我們毋須精通神學，也可進行靈命操練。剛信主的——就是尚未完全向耶穌基督交出生命主權的——可以，也應該進行靈命操練。首要的前提，是渴慕上帝。詩人說：「上帝啊，我的心切慕你，如鹿切慕溪水。我的心渴想上帝，就是永生上帝」(詩四十二 1、2)。

初學者無任歡迎。我自己也是初學者——即使我**特別**就本書討論的每項靈命操練都試行了好幾年。誠如梅頓(Thomas Merton)所言：「我們都不願意做初學者。惟讓我們接受一個事實吧：終其一生，我們都只能是個初學者！」[2]

詩篇四十二篇 7 節提及「深淵與深淵響應」——也許在你內心某個不為人知的深處，曾經聽到一個呼喚，它召喚你活出更有深度與內涵的生命。你已經厭倦了虛浮的經驗、膚淺的教訓。偶爾遇上深不可測的啟示，就似驚鴻一瞥。你心底有個渴望，想蹤

* 從另一種意義上來說，靈命操練是難事——稍後我們會詳述這課題。

身躍向深渺。

那些聽到內心深處的呼喚，渴望探索靈命操練究竟的人，會立時碰上兩大困難。第一個困難關乎哲學思想。唯物論是這世代的主流，人們極之質疑有誰能夠超越物理世界的制限——反而不少一流科學家能夠超越這些質疑，知道我們決不受制於時間與空間。不過一般人深受普及科學影響，思想還停留在上一代，對非物質世界仍是心存偏見。

普及科學的思維對人的影響不容小覷。以默想為例，就算我們接受了它，也不覺得它是人與上帝的真實交往，而不過是心理作用甚或操控罷了。人通常能容忍短暫涉足「內心探索之旅」，但你始終要回到**現實**世界繼續做**現實**的事嘛！因此我們需要勇氣，敢於抗衡這世代的偏見，與頂尖科學家一起確認一個事實：在物質以外，還有別的存有。我們理應以投身任何學科研究所需的熱誠與意志，投入靈命探索的領域。

第二個困難關乎踐行。我們根本不懂得怎樣探索內心世界。古人並非如此。在一世紀或更久以前，人們根本不需要指示怎樣「進行」靈命操練。聖經吩咐人禁食、禱告、敬拜、歡慶，卻幾乎不曾指示人怎樣進行這些靈命操練，理由顯而易見：這些是人們經常踐行的操練，它們根本是日常生活一部分，人人都懂得怎樣做。以禁食為例，沒有人會問禁食前要吃甚麼、怎樣中斷禁食，或在禁食時怎樣可以減少暈眩，因為人人早有這些知識。

惟這不是我們這代人的情況。今日我們對幾乎所有經典操練之所知，連最皮毛的踐行知識，也貧乏得很。因此，任何講述靈命操練的書，必須提供具體而微的踐行指導。然而，我必須一開始就提醒大家：懂得靈命操練的方法，不等於進行靈命操練。靈命操練是一種內在的屬靈實境。要進入靈命的實境，心底的態度遠比操練方法重要。

即使我們懷著進行靈命操練的熱忱，卻有可能偏離真正的靈命操練。上帝喜悅的，並不是我們致力背起一堆宗教責任。我們必須做的只有一樣：經驗與上帝親密相交的生命——上帝是「眾光之父……在他並沒有改變，也沒有轉動的影兒」(雅一17)。

老習慣的奴役

我們習慣了將罪視為一個又一個悖逆上帝的個體行為，這當然不是不真確，但聖經對罪有更深刻的看法。* 在羅馬書，使徒保羅常以罪為一種肆虐全人類的狀況(參看羅三9～18)。罪藉著「肢體」——就是肉體的老習慣——發動(羅七5)，而論到奴役，沒有甚麼比得上犯罪的老習慣對人的奴役。

以賽亞書五十七章20節說：「惟獨惡人，好像翻騰的海，不得平靜；其中的水常湧出污穢和淤泥來。」大海毋須刻意製造污穢和淤泥，它只要如常翻騰，就自然有污穢和淤泥湧現。人活在罪中也一樣，只要生活作息如常，就會有污穢和淤泥湧現。罪是人內在構造的一部分，人毋須刻意費勁，就生出罪行。難怪我們

* 罪是個複雜的課題，希伯來文有八個形容罪的詞語，這八個詞語都可以在聖經中找到。

覺得四面受敵。

面對頑罪，常見的對付之道，是正面進擊。我們信賴意志和決心，不論面對的問題是甚麼——忿怒、恐懼、怨恨、貪食、驕傲、情慾、濫藥——我們決心永不再犯；我們禱告對抗、拚力對抗、定意對抗，但一切掙扎徒勞無功，很快我們又落入道德敗壞；尤有甚者，是為自己表面的義洋洋自得，以至稱我們為「粉飾的墳墓」亦不為過！阿諾德（Heini Arnold）寫了一本精采的小書，名為《從罪惡思想中獲釋》（*Freedom from Sinful Thoughts*），當中有這麼一句話：「我們必須申明：人不可能靠賴自己的『意志力』，得以釋放、潔淨自己的心。」[3]

在歌羅西書，保羅以「不可拿、不可嘗、不可摸」來形容人對抗罪的外在方法與形式，然後說：「這些規條使人徒有智慧之名，**用私意崇拜**……」（西二 20～23；粗體為引者所加）。「用私意崇拜」——何等具闡釋力的用語，更是我們生命狀況的精闢描述！以為可以單靠意志勝過罪，就是「用私意崇拜」。換言之，我們在靈命旅程中覺得最艱辛的勞苦，在保羅眼中卻是一種拜偶像的行為，並稱之為「用私意崇拜」，這豈不諷刺得很？

意志力永無法克勝犯罪的老習慣。埃米特．福克斯（Emmet Fox）說：「在你用意志力抗拒任何不正不當之事的同時，你卻是為它注入了更多能力，這能力會反制你，使你一來一回損耗大量精力。」[4] 阿諾德說：「我們若以為能夠用自己的意志力拯救自己，就只會令自己裏面的惡更強大。」[5] 這可以說是所有靈修大師的共同體驗，包括奧古斯丁、聖方濟各、加爾文（John Calvin）、約翰．衛斯理（John Wesley）、大德蘭、茱莉安。

「用私意崇拜」可能會帶來短暫的表面成效，但我們無法永遠粉飾太平。在生命的裂縫和間隙中，內心本相遲早會顯露出來。耶穌論到的法利賽人的外在的義，正是這種狀況：「因為心裏所充滿的，口裏就說出來⋯⋯我又告訴你們，凡人所說的**閒話**，當審判的日子，必要句句供出來」（太十二 34～36；粗體為引者所加）。須知人憑意志可以短暫維持美善的外表，不過或遲或早總會出現鬆懈的片刻——不經意說出的「閒話」，會揭露內心的真相。心中滿有憐憫，就會顯出憐憫；心中滿有怨恨，就會顯出怨恨。

這不是我們計劃之事。我們並無意圖大發雷霆，或趾高氣揚，但只要我們與人交往，**本相**就會顯露。我們可以拚命隱藏自己的本相，但眼睛、舌頭、下巴、雙手，以及其他身體語言，都會出賣我們！意志力是攔阻不住閒話的，尤其在鬆懈的時刻！意志的不足正如律法的缺點：只能處理外在之事——面對內在心靈所需要的改變，是無計可施的。

鑰匙：靈命操練

當我們對「靠賴意志和決心改變內心」不抱希望，另一道更美妙的門即向我們打開：人內心的義，是從上帝而來的恩賜，我們要滿懷感恩地領受！我們內心需要有的改變，乃是上帝的工作，不是我們的工作。改變是心裏的工作，惟有上帝可以在我們心裏作工。我們不可能「憑努力獲得」或「賺取」上帝的國的義；

義乃是恩典，從上帝而來。

使徒保羅在羅馬書用了大量篇幅，表明義是從上帝來的恩賜。* 全書用了「義」這個字三十五次，每次都強調義不曾，亦不可能透過人力獲得。羅馬書五章17節的說法再清楚不過了：「……那些受洪恩又**蒙所賜之義**的……更要因耶穌基督一人在生命中作王……」(粗體為引者所加)。當然這不僅是羅馬書的教導，也是貫穿整本聖經的信息，並且是基督信仰的基石之一。

這令人震懾的信息，我們領受之後，卻很容易落入另一極端，就是以為人甚麼事也做不了！如果人的一切努力，至終都將使人跌入道德敗落(這也是經驗證明的事實)，又如果義是從上帝而來的恩賜(關於這點，聖經講得很清楚)，那麼最合理的結論，豈非人人只須等候上帝來改變自己？答案出人意表：非也！上述分析是對的：人的努力**是**不夠的，義**是**從上帝而來的恩賜，但結論卻錯了！有一些事是我們能夠做的。我們毋須在「人的作為」與「怠惰」這兩難之間擇其一；上帝已賜予我們靈命操練，作為我們領受祂的恩典的方式。靈命操練引導我們進到上帝面前，讓祂改變我們。

使徒保羅說：「順著情慾撒種的，必從情慾收敗壞；順著聖靈撒種的，必從聖靈收永生」(加六8)。保羅的類比甚有深意。

---

* 這包括「客觀的義」和「主觀的義」。本書我們討論「主觀的義」(若你喜歡另一神學名詞，也可以稱之為「成聖」)，但你必須明白，二者都是從上帝而來的恩賜。再者，其實聖經沒有像神學家那樣清楚區分「客觀的義」和「主觀的義」，因為聖經作者認為，偏廢這兩種義的任何一種，都是荒謬絕倫的。

農夫種田時並不能主宰一切，他所能做的，不過是提供農作物生長的合適條件。他鋤地、播種、澆灌，然後靜候土地的自然力量主宰，令農作物長成。靈命操練也一樣，它是順著聖靈撒種的方式。在靈命操練中，上帝將我們放在田裏，藉此，祂可以在我們內心動工，改變我們。靈命操練本身做不了甚麼，它只能帶領我們到改變生發之處；它是上帝施恩的工具。我們尋求的內心的義，並不直接加諸我們頭上。上帝樂意使用靈命操練這工具，在其中，我們將自己安放在祂得以賜福我們之處。

由此觀之，我們稱之為「操練恩典之路」是合宜的。它是「恩典」，因為是白白得來的；它是「操練」，因為我們有要做的事。潘霍華（Dietrich Bonhoeffer）在《追隨基督》（*The Cost of Discipleship*）中說得很清楚：恩典是白白得來的，卻不廉價。上帝的恩典不是賺來的，也不可能賺得到；但如果我們想在恩典中成長，就必須付代價，就是主動做一些事，這涉及個體的生活與羣體的生活。靈命操練的目的，就是靈命成長。

也許這個意象可以幫你了解上述討論。試想像一條又長又窄的山脊，兩旁都是斷崖。右邊的峽谷通往道德敗落，它源自人努力求義——歷史上人們稱之為道德主義（moralism），視之為異端。左邊峽谷也通往道德敗落，它源自人棄絕努力求義——歷史上人們稱之為反律法主義（antinomianism），它也被視為異端。山脊上有條窄路，就是靈命操練，這條路通往我們所尋求的內心改變與醫治。我們切不可偏右或偏左，而是要走在窄路上。這條路困難重重，卻又滿有大喜樂。我們行在這條路上，上帝的福氣會臨到我們，塑造我們，使我們漸漸長成耶穌基督的形象。我們必須時刻謹記，使我們改變的不是這條路，這條路不過是改變發生的地方——它是「操練恩典之路」。

在道德神學（moral theology）中有個説法：「德行是容易實踐的。」這慧語説得通，惟須上帝滿有恩典的作為進駐我們裏面的靈，消除我們的老習慣。否則，要實踐德行是非常困難的。我們奮力展示仁愛或慈悲的心，但這就像往心裏強塞東西，然後心底反會泛起我們不想要的東西，就是苛刻與怨忿的靈！然而，當我們開始活在、行在操練恩典之路上，隨著年月過去，我們會發現內心的改變。

我們不過是領受恩賜，卻會知道改變是真實的，因為我們會發現：以前覺得難以激發的憐憫心腸，如今變得容易了。事實上，要滿心怨恨反而變得困難！屬天的愛已經進佔我們內心，取代了老習慣。在不經意的時刻，我們生命深處源源湧出仁愛、喜樂、和平、忍耐、恩慈、良善、信實、溫柔、節制」（加五 22、23）。我們不再疲於在人前隱藏自我，我們不再苦於表現正直良善——我們**根本就是**正直良善的，要放棄正直良善才是苦差！因為正直良善已經成為我們本性的一部分。以前只要生活作息如常，生命中就有污穢和淤泥湧現——如今湧現的卻是「公義、和平，並聖靈中的喜樂」（羅十四 17）。莎士比亞説過：「憐憫本質上並不強人所難。」其實任何德行都是如此，只要那德行成為人的本性。

死路：當操練淪為律法

靈命操練是為我們的益處，為了將上帝的豐盛帶到我們的生命中。然而，它也可以淪為扼殺心靈的律法。以律法為歸依的靈命操練，只會帶來死亡。

耶穌教導我們，必須勝過文士和法利賽人的義（太五 20）；但你必須知道，他們的義並不等閒。他們立志順從上帝的程度，是我們許多人望塵莫及的。不過他們的義常不離一個核心：**外在標準**。他們的義被用來操控外在事物，又常涉及轄制他人。我們能否勝過文士和法利賽人的義，視乎我們的生命能否彰顯上帝在我們內心所動的工。當然，這會帶來外在的果效，但那工是在心內進行的。我們對靈命操練的熱心，很容易使它淪為文士和法利賽人那種外在的義。

當靈命操練淪為律法，就被用來轄制與操控他人。我們發號施令，企圖將人牢牢籠住。這樣的靈命操練，只會帶來傲慢與恐懼：傲慢，因為自信是名門正派；恐懼，因為害怕失去主導權。

若想在靈程上邁進，令靈命操練成為福氣而非詛咒，就要解開心結，告訴自己：毋須時刻掌控別人！務要掌控別人這慾望，是最容易將靈命操練扭曲成律法的。當我們造出一套律法，就同時有了一堆「外在標準」，用來評斷誰達標誰不達標。不受制於律法的靈命操練主要是內在的工作——而內在的工作是不可能被掌控的。當我們真心相信內心改變是上帝的工作，不是我們的工作，就能夠釋懷，不再終日指正別人。

我們必須察覺到，自己何等容易聽信這個說法或那個說法，然後將之化為律法！我們這樣的行徑，正如耶穌對法利賽人的嚴厲斥責：「他們把難擔的重擔捆起來，擱在人的肩上，但自己一個指頭也不肯動」(太二十三4)。我們必須銘記使徒保羅的話：「不是憑著字句，乃是憑著精意(或譯聖靈，下同)；因為那字句是叫人死，精意是叫人活」(林後三6)。

在靈命操練的路上，我們總會面對將它化為律法的危機，但我們毋須單靠自己的力量——耶穌基督早已應許時刻做我們的師傅與嚮導。祂的聲音不難聽到，祂的指示不難理解。如果我們開始僵化，失去彈性或活力了，祂會告訴我們。我們可以信賴祂的教導。如果我們偏離正確的思想，落入無益的行為，祂會引領我們重返正途。如果我們渴望聆聽屬天的督導，我們會得到所需的指示。

今日世界極度需要真正得到改變的人。托爾斯泰（Leo Tolstoy)說：「人人都想改變人類，沒有人覺得自己需要改變。」[6] 讓我們成為這樣的人：相信我們內在生命的改變，值得我們全力以赴。

第一部

內在的靈命操練

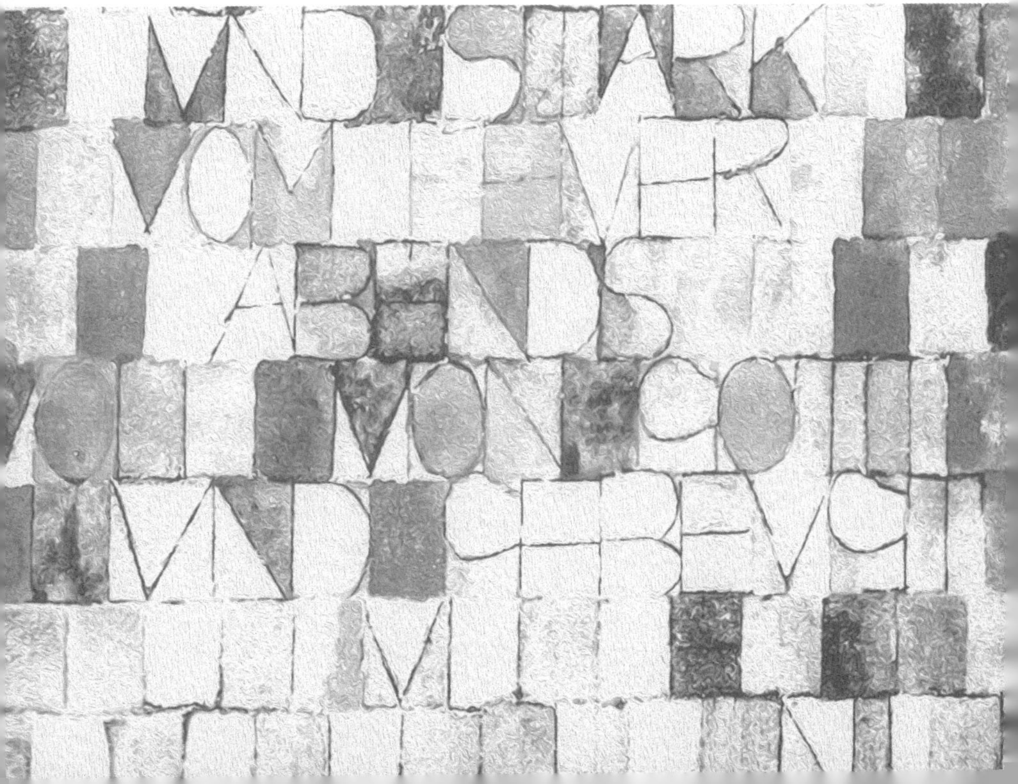

2

默想

真正的默觀並非心理學伎倆，而是神學恩寵。

梅頓

在當代社會，我們的仇敵撒但精心炮製了三樣事：噪音、忙亂、羣眾。若可以令我們埋首於「多而又多」，撒但就心滿意足了。精神病學家榮格（Carl Gustav Jung）曾經說：「忙亂並不**屬於**魔鬼；忙亂**就是**魔鬼。」[1]

我們想突破當代文化——包括宗教文化——的淺薄，就要甘願走進具有再造力的靜默中，走進默觀的內在世界。所有默想大師的著作，都誠邀我們勇闖這屬靈的邊境。對現代人來說，這可能是新奇之至的事，但我們毋須膽怯，倒要努力學習默觀禱告，做個孜孜不倦的學徒。

聖經中的例證

毫無疑問，默想是聖經一眾作者熟悉之事。聖經中有兩個希伯來詞語（הָגָה 和 שִׂיחַ）包含了默想的意思，一共出現了接近六十次，它們的詞義包括：聆聽上帝的話、思想上帝的工作、省察上帝的作為、仔細考量上帝的律法，諸如此類。聖經作者提及默想時，每每強調人與永生上帝接觸後的行為轉變。可以說，論到聖經對默想的理解，其中必不可少的兩個重要元素，就是悔改與順服。詩人歎謂：「我何等愛慕你的律法，終日不住地思想。……我禁止我腳走一切的邪路，為要遵守你的話。我沒有偏離你的典章，因為你教訓了我」（詩一一九 97、101、102）。基督教默想與東方或世俗默想的最明確分別，就是前者的焦點，總是順服與忠信。

聖經中的人物，熟悉默想之道。「天將晚，以撒出來在田間默想……」（創二十四 63）。「我在牀上記念你，在夜更的時候思想你……」（詩六十三 5）。詩篇其實是上帝子民默想上帝律法的頌歌：「我趁夜更未換將眼睜開，為要思想你的話語」（詩一一九 148）。詩篇的第一篇呼召百姓效法「有福」的人，就是「喜愛耶和華的律法，晝夜思想」的人（詩一 2）。

老祭司以利知道如何聆聽上帝的聲音，他教導少年撒母耳如何聽取耶和華的聲音（撒上三 1 ～ 18）。以利亞在曠野花了一日一夜，學習辨明耶和華「微小的聲音」（王上十九 9 ～ 18）。以賽亞看見主坐在「高高的寶座上」，聽見祂的聲音說：「我可以差遣誰呢？誰肯為我們去呢？」（賽六 1 ～ 8）。耶利米覺得上帝的話像「燒著的火閉塞在我骨中」（耶二十 9），然後為主作見證。這些都是貼近上帝心意的人，上帝向他們說話，不是因為他們有甚麼特殊能力，而是因為他們樂意聆聽。

耶穌縱使風塵僕僕，行程緊湊，卻仍然維持一個習慣，就是「退到野地裏去」（太十四 13）。* 祂這樣做不僅為了避開人羣，也為了親近上帝。耶穌在荒山野嶺做甚麼呢？就是尋求天父，聆聽祂的聲音，與祂相交。今日耶穌也邀請我們這樣做。

聆聽與服從

基督教默想，一言以蔽之，就是聆聽上帝的聲音，服從祂的話。就是這麼簡單。有人喜歡高言大智，但我恐怕難以將默想講得太複雜！默想不涉及隱藏的奧祕，或祕密的咒語，或費煞思量的考究，或少為人知的探索宇宙意識之旅……事實是，宇宙的至高上帝、萬有的創造主渴望與我們建立關係。在伊甸園裏，亞當夏娃與上帝交談，上帝**也與**亞當夏娃交談，他們彼此相交。然後始祖犯罪墮落，在某種重要的意義上來說，原本與上帝的不息相交中斷了，因為亞當夏娃躲藏起來，不敢見上帝的面。可是上帝仍然主動尋找祂悖逆的兒女——在諸如該隱、亞伯、挪亞、亞伯拉罕的故事中，上帝向許多人說話，在他們生命中作工，教導他們，指引他們的腳步。

摩西學會聆聽上帝的聲音，服從祂的話——雖然摩西學習的道路充滿起伏，迂迴曲折，但聖經形容「耶和華與摩西面對面說

---

* 亦可參看太四 1～11；路六 12；太十四 23；可一 35，六 31；路五 16；太十七 1～9，二十六 36～46。

話，好像人與朋友説話一般」(出三十三 11)，換言之，二者的相交是親密的。然而，上帝的子民以色列人卻不大接受與上帝建立這樣親密的關係。他們不過稍微認識上帝，就察覺到與上帝同在是危險的，以至對摩西説：「求你和我們説話，我們必聽；不要上帝和我們説話，恐怕我們死亡」(出二十 19)。他們以為這樣可以保存宗教的敬意，同時免除與上帝同在的危險。摩西是先行者，開創了先知與士師的道統，但是先知與士師的代言，與曠野中的雲柱與火柱相比，始終多了一重隔閡。

當日子滿了，耶穌來到世間，傳講天國的臨在，並示範天國子民的樣式。耶穌建立了一個永生的團契(a living fellowship)，一眾成員知道祂是救贖主、君王，凡事聽從祂的指示，時刻順服祂的吩咐。耶穌與天父緊密相連，向我們示範了聆聽與順服的生命樣式。「子憑著自己不能做甚麼，惟有看見父所做的，子才能做；父所做的事，子也照樣做」(約五 19)；「我憑著自己不能做甚麼，我怎麼聽見就怎麼審判」(30 節)；「我對你們所說的話，不是憑著自己説的，乃是住在我裏面的父做他自己的事」(十四 10)。當耶穌吩咐門徒要住在祂裏面，門徒都能夠明白祂的意思，因為他們看見祂怎樣住在天父裏面。祂宣告自己是好牧人，祂的羊認得祂的聲音(十 4)。祂告訴我們，保惠師——就是真理的聖靈——將會來到，引導我們進入一切真理(十六 13)。

路加在第二卷著作(譯註：使徒行傳)清楚表明耶穌復活升天後仍繼續行事，並繼續教導眾人——雖然人不能親眼看見祂

（徒一 1）。彼得、司提反都指出耶穌應驗了申命記十八章15節的預言：有一位像摩西的先知會出現，凡祂向百姓所說的，百姓都要聽從（三 22，七 37）。* 在使徒行傳，我們看見復活並作王的基督如何藉著聖靈教導、指引祂的兒女：引領腓利前去未得之民當中（八章），向掃羅啟示自己（九章），指出彼得的猶太民族主義（十章），帶領教會突破文化藩籬（十五章）。我們不斷看見的，是上帝的子民藉著聆聽上帝的聲音，順服祂的話，學習過新生活。

簡言之，上述內容是默想的聖經論據與基礎，而好消息是：耶穌不曾停止行事與教導；祂已經復活，如今仍在世上作工不息。祂沒有躲懶，也沒有緘默不語；祂活在我們中間，是大祭司——赦免我們，是大先知——教導我們，是大君王——治理我們，是大牧者——引領我們。

歷代聖徒都見證了耶穌臨在我們中間，可歎當代基督徒對古往今來忠信門徒就默想所撰的無數著述，竟然無聞無知！不同世代的信徒，都透過與上帝不息相交而獲得極大的喜樂，他們的見證眾口一詞。從天主教到新教，從東正教到西方獨立堂會（free church），信徒皆獲勸勉「在永不間斷的團契中置身於祂的同在」。[2] 俄羅斯神祕主義者德奧梵（Theophan the Recluse）說：「禱告就是讓思想沉澱至內心，站定在主面前——祂永在，祂全知，

---

* 亦可參看申十八 15 ～ 18；太十七 5；約一 21，四 19 ～ 25，六 14，七 37～40；來一 1～13，三 7～8，十二 25。

祂在你裏面。」[3] 聖公會聖人泰勒(Jeremy Taylor)説:「默想是眾人的職分。」[4] 有人問二十世紀路德宗殉道士潘霍華為何要默想,他回答道:「因為我是基督徒。」[5] 不論是聖經還是靈修大師的著述,都見證了人透過默想與上帝同在的經驗,是何等豐富多采、生機勃勃,我們若忽略如此蒙恩的邀請,豈非愚不可及?套用蓋恩夫人的話,默想就是經驗「耶穌基督的深渺」。[6]

默想,所為何事?

在默想中,如肯培多馬(Thomas à Kempis)所言,我們「與耶穌培養親密友情」。[7] 我們潛進基督的光明與生命裏,安心停駐其中。主的永在(或曰「全在」)從神學教義化為光彩的現實。「祂與我同行,又與我共話」不再是宗教術語,而是日常生活的真實寫照。

請注意:我所講論的不是多愁善感、充滿刺激、老友之間的交往,這些過度煽情的意象,反映了我們的無知與偏差,毫不認識聖經啟示的那位至高至尊的主。約翰在啟示錄告訴我們,當他看見掌權的基督,即時反應是「仆倒在他腳前,像死了一樣」(啟一17),這也應該是我們的反應!我所説的那種相交,更像門徒看見剛復活的耶穌的反應:既親近,又敬畏。

在默想中,我們營造一個情感—靈性空間,讓基督在我們心中建構一個內在的聖所。那段美好的話:「我站在門外叩門……」(啟三20)原是為信徒寫的,不是為非信徒寫的。我們這些已經將生命主權交付基督的人,必須知道基督渴望與我們一同坐席相交。祂極盼在我們內心的聖所中，不斷有主的盛宴（Eucharistic feast）舉行。默想為我們開啟了一道門。雖則我們在不同時間會進行不同的默想操練，但目標只有一個：將與主一同坐席的喜悅，帶進整個生命。默想是一個可移動的聖所——與我們的身分與行事相融。

這種內在的相交，會改變我們內在的性情。內在的聖所，既有永恆之火在燃燒，就不可能不帶來改變，因為屬天之火會除去內在一切雜質。永在的主、我們的師傅會不斷引領我們進入「公義、和平，並聖靈中的喜樂」（羅十四 17）。一切不合主道的事物都必須捨棄——不但「必須」，更應該「樂意」，因為我們的渴想與盼望，會益加合乎主道。日復日，年復年，我們裏面的一切，會主動尋求聖靈的方向，就像指南針自動指向北極星。

可理解的誤解

論到基督教默想，總有人假設它近似於東方宗教默想。事實上，二者差天共地。東方式默想旨在倒空心思，基督教默想旨在充滿心思，二者想法迥異。

東方式默想強調從世間抽離，尤其重視捨棄個人特質、個體性，從而與「宇宙意觀」（Cosmic Mind）共融。人在當中有一個渴想：從今生的煩愁與痛苦得到超脫，進到涅槃的非人狀態（the impersonality of Nirvana）。人的身分由是消失——其實，人性根本就被視為終極幻象——默想是為了逃離可悲的輪迴。這種默想沒有上帝的存在，人無從依附或聽候。東方宗教的最終目標，是抽離。

基督教默想的觀念，遠不止於抽離。抽離是必須的，套用十二世紀本篤會修士塞勒的彼得（Peter of Celle）的話，抽離是「默觀的安息」（a sabbath of contemplation）。[8] 不過若將注意力僅僅放在抽離上，就會出現耶穌指出的危險。耶穌講過一個比喻：一個被鬼附的人，當鬼被趕出後，沒有「以善代惡」，「污鬼離了人身……另帶了七個比自己更惡的鬼來，都進去住在那裏。那人末後的景況比先前更不好了」（路十一 24～26）。[9]

「抽離」是不夠的，必須加上「**依附**」，也就是說，從身邊諸般混亂中抽離，是為了緊緊依附上帝。基督教默想引領我們邁向內心的整全，以至自由地把自己獻給上帝。

另一個關於默想的誤解，是它深奧異常，難似登天，因此還是留給專家學者去做吧，他們才有時間心力探究內心領域！這全然不是事實。眾所公認的默想專家，並無一人宣稱這是特權分子或屬靈偉人的專利。相反，這樣的說法會令他們失笑，因為他們自問是在進行一種人類自然而然就會的活動而已，就像呼吸一樣自然、重要。他們會說，人要默想，根本毋須擁有特殊恩賜或特異功能。梅頓說：「默想真的是很簡單的事，不大需要甚麼精深技巧，就可以自行嘗試。」[10]

第三個關於默想的誤解，是將默觀視為不切實際、脫離現實的玩意。有人害怕默想會使人變成杜斯妥也夫斯基（Fyodor Dostoevski）的名著《卡拉馬佐夫兄弟》（*The Brothers Karamazov*）中的苦行教士弗拉龐（Father Ferapont）——食古不化、自以為義，靠賴己力拯救自己脫離世俗，卻又狠狠詛咒世人！很多人以為默想的最大功德，不外乎令人落入病態的避世思想，對人間疾苦置若罔聞。

但這評斷是偏離事實的。事實上，默想可以重新調校我們的生命方向，令我們更懂得面對人生。梅頓說：「默想除非牢牢本於**人生**，否則不具意義，也欠缺實質。」[11] 觀乎美國歷史，沒有任何羣體比公誼會更強調聆聽與靜默的必要；結果是，他們所倡議的社會變革，其影響之深遠，與他們的人數完全不成正比。威廉．佩恩（William Penn）說：「真敬虔不會令人避世，反而令人在世上活得更好，並且更有熱忱作出修補行動。」[12]

隨著默想而生的洞見，很多時候近乎平凡單調，卻與現實生活息息相關。譬如說，你忽然明白了該怎樣與配偶相處，或怎樣解決一個棘手難題，或如何作出一個商業決定。能夠在默想中達至出神（ecstasy），當然美妙無比；但更常見的情況，是在默想中獲得指引，以解答日常生活疑難。默想差遣我們進入平凡的世界，並同時賦予我們非凡的觀點與保持平衡的能力。

也許最常見的誤解，是以為默想是宗教上的心理操控。默想或許可以降血壓、減緩焦慮，甚至幫人接通潛意識，從而獲取亮光。然而，論到跟「亞伯拉罕、以撒、雅各的上帝」真實接觸、彼此相交，這聽起來既不科學，且有點不合常理。如果你覺得我們生活在一個純物理世界，就會將默想視為穩定阿爾法腦電波（alpha brain-wave）頻率的有效方法；但如果你相信我們生活在一個由上帝創造的世界，這位上帝無可測度且無微不至，又樂意與人相交，你就會將默想視作愛侶之間的交流。

上述關乎默想的兩套觀念，是截然相反的。前者將我們困在全然人為的經驗中，後者使我們躍至神人交往的經驗。前者講論潛意識的探索，後者講論「我們**尋獲**祂，安息在祂裏面——祂愛我們，與我們親近，主動走向我們，吸引我們走近祂」。[13] 二者聽來都是宗教，都使用了宗教術語，但前者終究難以容納屬靈境界的存在。

這樣說來，我們如何確定屬靈境界真的存在？是藉著盲目地相信嗎？非也！內在屬靈境界，但凡願意尋求的都必可尋見。我常遇見一些肆口否定屬靈境界存在的人，其實他們不曾花過時間考究屬靈境界是否真的存在。

何妨從經驗出發，檢驗屬靈境界是否存在？正如任何科學探索：預定假設，以實驗小心求證，察看假設是真是偽。即使實驗失敗，也毋須立時絕望或斷言假設必偽，反而必須重新檢視程序，也許修訂假設，然後重新再做實驗。我們至少要具備科學精神，以科研的誠意與毅力進行探索。可歎太多人不願意這樣做，他們並非出於愚昧，而是基於偏執。

渴求上帝親口說話

費柏（Frederick W. Faber）的詩句，有時全然呼應著我們的心聲：

僅僅坐著想念上帝，

何等喜樂滿足！
想著念著輕喚主名，
歡欣快樂無比。[14]

但是默想者都知道，面對上帝時，我們更常見的反應是冷漠與倦怠——可以稱之為靈性上的遲鈍。人類似乎有個頑梗的傾向，就是愛找別人替代自己與上帝交談。我們滿足於二手信息！以色列其中一個致命錯誤，就是厭棄上帝的神權統治，轉而堅決要求人類君王的治理。我們可以從上主的話聽出祂的悲傷：「他們⋯⋯乃是厭棄我，不要我作他們的王」(撒上八7)。宗教歷史就是這樣一個故事：人們急不及待地吵著要君王、中保、祭司、牧師⋯⋯總之是仲介者，如此我們毋須親自進到上帝跟前！這樣的做法免除了我們改變自己的責任，因為人若要與上帝同在，就必須改變。我們只要稍微探究西方文化，就會發現它沉迷於「中保的宗教」。

因此默想令人心膽俱寒，因它竟然明擺著要呼召我們親自進入上帝的永活同在之中！它告訴我們，上帝於每個當下都在言說，而且是對我們言說。耶穌及新約作者的意思再明確不過：上帝言說的對象，不獨是神職人員——祭司——而是所有人。**所有**宣認耶穌基督為主的人，**都是**上帝的普世祭司(universal priest)，可以進到至聖所中，與永生上帝交談。

要令人相信**他們**可以聽到上帝的聲音，似乎十分困難。美國首都華盛頓的救主堂(The Church of the Saviour)的會友在這事上實驗了好些年月，他們的結論是：「我們自問是二十世紀、二十一世紀的人，但我們發現今人領受到的指示，可以清晰一如昔日亞拿尼亞所聽到的指示：『起來！往直街去……』」。[15] 為甚麼不可能呢？上帝既然是永活的，並且積極介入人世間的事，今人怎會聽不到祂的聲音、遵行不了祂的吩咐？所有願意以祂為當代師傅與先知的人，都可以聽到祂的聲音，並聽到了祂的聲音。

但我們如何才會有意欲聽祂的聲音？「回轉的意欲，是恩典的禮物（gift of grace）。任何人若以為毋須祈求默想的意欲與恩典，就能開始默想，必然發現很難持之以恆。我們應該將默想的意欲，以及得以開始默想的恩典，視為一個微妙的應許，它應許的是帶來更多恩典。」[16] 尋求並領受「恩典的禮物」，是惟一支撐我們堅持走這內心旅程的力量。套用大亞爾伯（Albert the Great）的話：「聖徒的默觀乃由上帝——我們默觀的對象——的愛激發。」[17]

將想像分別為聖

要將思想沉澱至內心，最容易的方法，是透過想像。傳道者亞歷山大．懷特（Alexander Whyte）說得好：「關乎基督的想像，是屬天的職分，是美妙的職事。」[18] 也許有人可以僅憑抽象式默觀經驗上帝，但這是罕有例子；大多數人需要充分運用一切感官，而這條更簡易平凡的通向上帝同在的路徑，委實不應受到鄙夷，因為耶穌也教導同一進路，經常要求聽者運用想像。許多靈修大師也這樣勸導我們，譬如大德蘭說：「既然我無法憑藉思辨進行反省，惟有設法想像基督在我裏面。」[19] 這話我們很多人都有共鳴——我們都試過單用理智來默想，結果發覺整件事太抽象、太抽離了。再者，想像有助我們凝聚思想，集中注意力。方濟各．沙肋爵（Francis de Sales）說：「透過想像，我們將心思停駐在默想的奧祕之境，令心思不致四處漫遊——正如將小鳥關在籠中，或將獵鷹繫上皮帶，牠們才會駐足。」[20]

有人反對運用想像，因為擔心想像不可靠，甚至會被惡者利用。這關注是合理的，因為想像力與其他能力一樣，因著人的墮落而被扭曲。但我們既然相信上帝能夠使用我們的理性（同樣因著人的墮落而被扭曲），將理性分別為聖，成就祂的美意，我們也應該相信上帝可以將我們的想像力分別為聖，將**它**用來成就祂的美意。無疑，想像力有機會被撒但扭曲，但人的其他能力同樣有這機會！想像力是上帝創造我們時賦予我們的，而作為一切受造物之主，祂當然能夠，並正在施行救贖，將想像力用來建立天國。

另一個對運用想像力的關注，是害怕帶來操控，甚至自欺。畢竟，我們覺得有些人的想像力「過度活躍」，隨著自己的喜好天馬行空，想像出各式各樣的意象來！更何況聖經不是警誡我們，要提防惡人將「思念變為虛妄」嗎？（羅一21）。這關注是有道理的。的確，想像可以僅僅是一種「妄想」，所以至關重要的，是必須全然倚靠上帝的幫助。我們追求的，是想上帝所想，以祂的同在為樂，渴求祂的真理和道路。我們愈是這樣行，上帝就愈能夠使用我們的想像力，成就祂的美意。事實上，與上帝同行的人都有這樣的經驗，就是**獲賜**一些意象，這些意象關乎事件的動向。我為人禱告時，常常獲得關乎禱告對象處境的意象，而當我與禱告對象分享這些意象，他們會大有共鳴，甚至淚流滿面。他們會問我：「你怎麼知道這些事？」我會告訴他們，我不是知道那些事，而是看到那些事。

相信上帝能夠將想像力分別為聖，善加運用，其實不過是真心相信「道成肉身」的道理而已。上帝成為人身，來到世間與我們同住，以至使用我們認識的意象，教導我們眼不能見的事——這些事我們所知甚少，也覺得難以理解。

默想的預備

要憑一本書學會默想，是不可能的，你只能夠透過默想學習默想。不過，一些簡單而合宜的建議會大有助益。因此我以下的提示和練習，只希望為你實際操練默想時，提供一些指引。它們都不是甚麼法則，我也沒有任何意圖要制限你的做法。

默想是否需要在恰當的**時候**進行呢？當你的靈命操練達至某個程度，已經內化為生命的一部分，你就可以在任何時候、甚或幾乎任何景況中進行默想，十七世紀的勞倫斯弟兄、二十世紀的凱利都明確地見證了這一點。但話又說回來，不論是初學者還是老手，刻意騰出一天中的某個時段來進行默想操練，對我們來說是很重要的。

認定了我們需要定時默觀後，要防備一個想法：定時進行某種宗教活動，就等於進行默想。默想是生命全然的投入，是一天二十四小時的事。默觀式禱告是一種生活方式。保羅勸勉我們要「不住地禱告」(帖前五 17)。塞勒的彼得以幽默輕鬆的語氣說道:「在罪惡黑夜中打鼾的人,看不到默觀的光。」[21]

因此我們得以明白:一整天的生活,是我們能否為某次默想做好準備的核心所在。如果生活不斷被忙碌的日程佔據,內心就不可能有安靜的時刻,以至能專心向主。飽受外在事務煎熬、分化的心思,是難以投入默想的。早期教父常常提及「神聖暇逸」(*Otium Sanctum*),這乃是生活中的一種平衡感,包括能夠在日常作息中保持內心的平安、懂得停下來欣賞美好的事物、學會調校生活的節奏等。我們的傾向,是按某人的「生產力」給那人下定義,因此我們可能善於製造「神聖暇逸」。然而,如果我們要達至默觀之道,先決條件是堅拒日程表的催促,以此貫徹「神聖暇逸」。

論到默想的**地方**,我在稍後講論操練獨處的篇章會詳述,在此只講幾句:找一個安靜、不受騷擾的地方就是了。遠離電話及通訊工具。能夠找到景觀悦目的地方,則再好不過。最好選定一個地點,而不是每天找新的地點。

姿勢呢?可以說,姿勢無關重要——你可以在任何地點時間,以任何姿勢向上帝祈禱。但亦可以說,姿勢至關重要——身體、心思、靈魂,是不可分割的。靈裏的張力,會見諸身體語言。我見過一些人在整個崇拜聚會中使勁嚼口香糖,不經意地反映出他們內心的張力!不過,姿勢不但反映心境,也有助培養禱告的心情——假若內心滿是煩惱和焦慮,有時候刻意選取一個放鬆姿勢,有助平伏內心的風暴。

何謂恰當的姿勢？沒有「定規」。聖經描述的姿勢，從俯伏在地到站定抬頭、向天舉手都有。對我來說，最佳姿勢就是最舒適自在、最不容易分心的姿勢。十四世紀神祕主義者羅利（Richard Rolle）喜歡坐著，「……因為我覺得……坐著……比踱步、站立、跪下都更容易維持，因為我坐著的時候最自在，心也最容易親近上帝」。[22] 羅利的話我頗有同感。我最自在的姿勢，是筆直地坐在直背椅上，雙腳水平著地（弓背會令精神鬆懈，翹腿會影響血液循環），雙手放在膝蓋上，手心向天，示意「領受」。有時候閉上眼睛有助除去煩擾，使精神集中於基督。有時候專注沉思主的畫像，或觀看美麗的花草樹木，亦可達至同樣的效果。不論方法為何，目的都是呼喚自己的身體、情緒、心思、靈魂，停駐在「上帝榮耀的光顯在耶穌基督的面上」（林後四6）。

默想的形式

不同年代的基督徒，對聆聽上帝的聲音、與天地的創造主相交、經驗世界永恆的大愛，各有不同的方法。他們的經驗所累積的智慧，對我們確然大有助益，因為我們和他們一樣，尋求與上帝親密相交、渴望對上帝忠信。

所有靈修大師都以默想聖經（*meditatio Scripturarum*）為一切默想形式的軸心。研習聖經的重點是解釋聖經，默想聖經的重點是將經文內化，與自己相融。「成文的道」（the written Word）成為富生命力的話，向你宣講。這不是在從事學術鑽研，或分析，甚或蒐集可與人分享的材料。你要摒棄一切傲慢之心，謙虛領受上帝向你宣講的話。我通常發現這時段特別適合跪下。潘霍華說得好:「……正如你不會分析所愛之人的話,而是不折不扣地接受;同樣,你要接受聖道,放在心裏反復思量,正如馬利亞那樣。就是這樣。默想就是這樣。」[23] 潘霍華曾在芬根瓦(Finkenwalde)創辦一家神學院,要求學生每天花一個半鐘頭默想聖經。

必須抗拒囫圇吞棗的誘惑,切勿匆匆瀏覽太多篇章!倉促反映了內心狀況,這內心狀況正是需要被改變的。潘霍華建議一星期只默想一個單元。因此我給大家的意見,是專注默想一個事件,或一個比喻,或幾節經文,甚或一個詞語,讓它在你心中扎根。要具體生動地經驗那信息——牢記羅耀拉的依納爵(Ignatius of Loyola)的教導,要盡用所有感官:聞湖水的氣味、聽岸邊的潮聲、看那些羣眾、感受頭上的烈日和肚中的飢腸轆轆、聞空氣中的鹹味、摸主耶穌的衣裳縫子。亞歷山大・懷特教導說:「……真正的『關乎基督的想像』,不會將眼目轉離耶穌基督……你打開新約聖經……透過想像,在那一刻成為基督當日的門徒,就在祂的身邊。」[24]

假設我們要默想耶穌那句驚人的話:「我將我的平安賜給你們」(約十四27),我們要做的,不是鑽研經文,而是進入經文言及的實境。我們要深深相信,就在此刻,祂的平安充滿我們。我們的內心、思想、靈魂,都湧流著祂的平安,因此得以甦醒。我們的恐懼得以消除,取而代之的是「剛強、仁愛、謹守的心」(提後一7)。我們並非要分析平安,而是要進入平安。我們被祂的平安包圍、吸納、招聚。這經驗最美妙的是，我們得以忘我——不再擔憂怎樣令自己更平安，因為我們正在心中經歷平安；我們不再費力地想方設法表現平安，因為內心自然而然地湧溢平安。

要時刻謹記：我們並非故事的消極旁觀者，而是積極參與者。亦要謹記：基督常與我們同在，教導我們，醫治我們，饒恕我們。亞歷山大．懷特說：「你的想像蒙聖潔的油膏抹後，當再次翻開新約聖經，你一時成了那個稅吏，一時成了那個浪子……一時是抹大拉的馬利亞，一時是廊下的彼得……最後整卷新約聖經變成你的自傳。」[25]

另外有一種默想形式，中世紀默觀者稱為「歸心」(recollection)，公誼會人稱為「定心」(centering down)，就是保持靜止，進入具有再造力的靜默中，讓散亂的心思聚焦。

以下是一個小小的「歸心」操練，稱為「手心向上，手心向下」。開始時雙手手心向下，象徵將心中關注交給上帝，同時在心中禱告說：「主啊，我把我向約翰發作的怒氣交給你。我把今天早上要見牙醫的恐懼交給你。我把擔心這個月不夠錢支付帳單的焦慮交給你。我把今天晚上聘請不到臨時保姆的煩惱交給你。」無論你的重擔或煩憂是甚麼，只管說：「手心向下。」將那擔子卸下。你甚至有可能從你的雙手真的感受到一絲輕省。卸下擔子之後，雙手手心轉向上，象徵渴望從上帝領受。你可以在心中默禱：「主啊，我想領受祢的愛，使我可以愛約翰；我想領受祢的平安，幫助我面對牙科檢查的恐懼；我還想領受祢的忍耐、祢的喜樂。」無論你需要甚麼，只管說：「手心向上。」你的心「定」下來後，就全然靜默片刻，不要祈求任何事。讓主與你相交，讓主的愛臨到你。如果有甚麼想法或指示浮現，那很好；如果沒有，也無不妥。

第三種默想形式，是默想受造物。這不是原始的泛神主義，而是堂而皇之的一神論——宇宙的創造主藉著受造物，向我們彰顯祂的榮耀。「諸天述說上帝的榮耀；穹蒼傳揚他的手段」（詩十九1）。恩德曉（Evelyn Underhill）說：「……從默觀最初的形式開始吧！古老的神祕主義者有時稱之為『在上帝的受造物中發現上帝』。」[26]

用心感受大自然。觀看樹木，好好細看。細看一朵花，讓它的美與均稱滲透你的心思與心靈。聆聽小鳥的歌聲，牠們是上帝的使者。觀察地上爬行的小動物，牠們的動靜多麼卑微，上帝卻可以藉著這些小事小物，大大觸動我們，只要我們靜心聆聽。

還有第四種默想形式，在某方面可以說與上述第三種形式相反，就是默想時事，探索時事的意義。我們肩負深究時事之深層意義的屬靈責任，非為獲得權力，而為獲得先知式角度。梅頓形容一些人「默想基督的受難，卻不曾默想納粹德國設置集中營這件事……他們不曾深刻經驗今時今日的基督信仰」。[27]

這種默想形式的最佳體現，是一手聖經，一手報紙！然而，你必須慎防充斥耳目的歪理怪論與政治宣傳。老實說，報章大多淺薄偏頗，多害寡益，我們必須將時事帶到上帝面前，求祂賜下先知式洞見，辨明那些事的指向。再者，我們要向上帝求問，看看自己可以做甚麼實事，成為這個敗壞黑暗世界的鹽和光。

當你剛開始默想，卻無甚獲益，不可沮喪！靈命操練是一個過程，企圖征服珠穆朗瑪峯之前，明智的做法是先在較矮的山峯練習。你必須有耐性。此外，你所學習的這個靈命操練，是你不曾受過訓練的，我們的文化也不鼓勵你這樣做。換言之，你是在抗衡潮流！不過千萬不要灰心，你的努力是大有價值的。

除了上述操練，默想還有其他不少有益的形式。* 無論如何，默想不是一次過的事；操練默想不同於製造家具，它乃是一種生活方式——隨著對內心的探究愈深，你會不斷學習，不斷成長。

---

* 其中兩個與默想密切相關的課題，會在稍後闡述獨處的操練時論及：其一是富創意地使用靜默，其二是十字約翰（St. John of the Cross）形容的「靈魂的暗夜」。

3

禱 告

我是你懇求的根柢。首先，是我的旨意，令你有所懇求；然後，是我令你決意懇求；接著，是我令你作出懇求。如此，你所懇求的怎會得不到應允呢？

茱莉安

禱告使我們躍至靈命前線。在所有靈命操練中，禱告至為重要，因為它引領我們進入與天父的持久相交。默想引領我們進入內在生命，禁食是伴隨而至的操練，研習只改變我們的心思，惟有禱告的操練，使我們達至人的靈所及最深最高之境。真正的禱告足以創造生命、改變生命。威廉．克理（William Carey）說：「禱告——隱密的、火熱的、滿有信心的禱告——是一切個人敬虔的根本。」[1]

要禱告，就是要改變。禱告是上帝用來改變我們的大道。當人不願意改變，其中一個明顯的生活特徵，就是怠於禱告。我們愈貼近上帝的心懷，就愈覺得需要、愈渴望與基督的樣式一致。布萊克（William Blake）形容：人生的任務，就是學習承載上帝「愛的光線」（beams of love）。可歎我們常常築起藩籬——使用不透光的材料——務要逃避那位永恆的良人！但當我們禱告，上帝就能慢慢地、慈祥地指出我們的規避，救我們脱離那些愚行。

「你們求也得不著，是因為你們妄求，要浪費在你們的宴樂中」（雅四3）。要求得「正當」，動機必須改變。真禱告的出發點，是想上帝所想——欲祂所欲，愛祂所愛，願祂所願。漸漸地，我們學會以祂的眼光看事物。

所有與上帝同行的人，都將禱告看為生活中的要事。馬可福音有一句話，是耶穌生活方式的寫照：「次日早晨，天未亮的時候，耶穌起來，到曠野地方去，在那裏禱告」（可一35）。大衛渴慕上帝，甚至拋開睡眠的誘惑：「我要早早地尋求你」（詩六十三1；編按：由本書譯者翻譯）。初代教會的使徒幾乎分心，費勁處理某些教會必須面對的重要差事。但他們最後決定「要專心以祈禱、傳道為事」（徒六4）。馬丁．路德（Martin Luther）說過：「我有太多事要辦了，因此不得不每天花三小時禱告，否則無以為繼。」有一個說法他奉為圭臬：「禱告有方，源於研習有方。」[2] 約翰．衛斯理說：「上帝甚麼也不做——除了回應禱告。」[3] 為了貫徹自己的信念，他每天花兩小時禱告。布雷納（David Brainerd）一生最引人注目的，就是他的禱告，他的日記滿載禱告、禁食、默想的紀錄與心得：「我愛獨處一室，可以盡情禱告」、「我騰出這一天，躲起來禁食，向上帝禱告」。[4]

對那些在信仰前線的探索者來說，禱告不是依附生命邊緣的習慣——禱告**就是**他們的生命，是他們事奉最得力的歲月中最認真進行的事情。威廉．佩恩認為喬治．福克斯「最過人之處，是他善於禱告⋯⋯我曾感受到或目睹的最震懾人、最富生命力、最敬虔的身影，我不得不承認，就是他禱告的樣子。」[5] 耶德遜（Adoniram Judson）一天七次拋開工作與同伴，為要專心禱告。他醒來即禱告，然後在九點鐘、十二點鐘、三點鐘、六點鐘、九點鐘、午夜，他都在隱密處禱告。前赴印度的宣教士約翰·海德（John Hyde）一生重視禱告，甚至得了「禱告的海德」的稱號。對上述這些人——還有那些敢於探索內在生命的人——來說，禱告就是呼吸。

不過對我們大多數人來說，這些例子令人喪氣，而不是振奮人心。那些「信心偉人」的經驗遠超我們所曾體驗的一切，他們只教我們汗顏不已。然而，與其鞭撻自己的明顯缺失，不如謹記上帝的作為：祂總是與最真實的我們相交，並且耐心引領我們到「水深之處」。偶爾慢跑的人，不應貿然參加奧運會的馬拉松比賽，而是要花時間預備，認真訓練，然後再作考慮。靈命操練也一樣，譬如操練禱告一年後，應該可以預見禱告有更大的權柄、更多的成效。

操練禱告之初，很容易受挫折，因為我們的固有觀念是世間萬事早有定數，不能改變——既然萬事不能改變，為甚麼還要禱告呢？但這不過是我們的慘淡想法，而不是聖經的教導。聖經中的禱告者，深信自己的禱告能夠，也會帶來實質的改變。使徒保羅興奮地宣告：「我們是與上帝同工的」（林前三 9）；也就是說，我們與上帝一同作工，有分決定世事的結果。認為宇宙是個封閉系統的，是斯多噶主義（Stoicism），不是聖經。

面對世事，只強調默許和屈從「上帝旨意」的人，他們的思想其實更接近愛比克泰德（Epictetus；譯註：古羅馬新斯多噶派哲學家），而非耶穌基督。摩西大膽向上帝祈求，因為他相信他的禱告能夠改變事情——甚至上帝的心意。事實上，聖經有力地強調宇宙是個開放系統，當中涉及的擬人法描述（anthropomorphism），會令現代人難以接受：聖經言及上帝因著祂對世人不變的愛，一再改變心意（參看出三十二 14；拿三 10）。

這對我們許多人來說，是真正的釋放，同時也是重大的職責：原來我們與上帝同工，一起決定未來！歷史會出現某些結果——如果我們禱告得恰當。我們藉著禱告改變世界！還有甚麼比這更能推動我們好好操練禱告這最崇高的事情嗎？

禱告確然是大而廣的題目，只用一章討論，即使想淺嘗其不同範疇，也是不可能的，因為涉及的重大哲學問題太多了：禱告為何是必要的？禱告是怎麼一回事？也就是說，有限的人，如何與無限的創造主上帝對話？非物質的禱告，如何影響物質世界？還有許多類似的疑問。再者，古往今來曾經造就基督徒的禱告有很多種，包括思維禱告（discursive prayer）、心智禱告（mental prayer）、定心禱告（centering prayer），還有安靜的禱告（prayer of quiet）、棄捨的禱告（prayer of relinquishment）、祈求指引的禱告（prayer of guidance）等。

講論禱告的佳作多不勝數，其中一本經典是慕安德烈（Andrew Murray）的《禱告的學校》（*With Christ in the School of Prayer*）。想知道禱告的祕訣，就要廣泛閱讀、深切體驗。一般來說，收窄題目有助抽絲剝繭，所以本章會集中講「代求」，就是如何有效為他人禱告。今人太需要我們代求了，因此我們要學好這差事。

學習禱告

真禱告是要學的。門徒對耶穌說：「求主教導我們禱告……」（路十一1）。他們自小就禱告，但耶穌禱告的質與量，都教他們看到自己對禱告所知無幾。如果他們希望自己的禱告能改變世界，就要向耶穌好好學習。

得知禱告涉及一個學習的過程，這令我得以釋懷——我可以存疑、試驗，甚至失敗，因為我還在學習階段。多年來我為許多事懇切禱告，但成效小得可憐。然後我發現自己可能做錯了某些事，必須重新學習，於是將四福音中提及禱告的經文都剪貼出來。當我按剪貼的內容一次過閱讀耶穌關於禱告的所有教導時，我錯愕不已！要麼我向來所知道的關於禱告不獲應允的藉口和解釋都是錯的，要麼耶穌的話是錯的！我定意重新學習禱告，務使我的經驗符合耶穌的話，而不是硬將耶穌的話套入我的寒傖經驗。

也許耶穌的禱告最令我錯愕的一點，是祂為人禱告時，**斷不會**在結束時說「假如這是上帝的旨意……」。使徒或先知為人禱告時，也沒有這樣的片語。很明顯，他們在發出滿有信心的禱告之前，明顯相信自己知道甚麼是上帝的旨意。他們時刻與聖靈同在，因此當遇上某個情況，他們知道應該怎樣做。他們的禱告十分積極，往往是帶著權柄的直接吩咐：「行走吧！」、「痊癒吧！」

「起來！」。他們的代禱，明顯不是那些猶豫不決、誠惶誠恐、半信半疑、「假如這是祢的旨意」式的禱告。

誠然，我們也有需要「假如這是祢的旨意」式禱告的時候。其一，在「祈求指引的禱告」中，我們心底必然極度渴求知道上帝的旨意。「祢的旨意是甚麼？」「甚麼會令祢喜悅？」「有甚麼可以拓展祢在地上的國度？」這類尋問式禱告，理應滲透我們整個人生經驗。其次，在「棄捨的禱告」中，我們立志拋棄某些違背上帝的旨意或上帝的道的想法。當然，我們的目標是學會經常想上帝所想，但人的私慾會拉扯我們，這時，我們就要效法主耶穌在客西馬尼的禱告：「……然而，不要成就我的意思，只要成就你的意思」(路二十二42)。

我一邊操練，一邊尋找在禱告的事上比我更有能力與成效的人，請他們指點我。此外，我也向歷代的禱告大師討教如何擁有他們的智慧與經驗；我努力搜羅這方面的佳作，並用心研習。我懷著新的興趣，細究舊約聖經中的禱告者——摩西、以利亞、哈拿、但以理——及其禱告。

同時，我開始帶著期待為人禱告，相信改變會出現。猶幸我沒有等到自己完全裝備好，或搞清楚一切才開始為人禱告，不然我永遠不會開始！福賽思(P. T. Forsyth)說得好：「禱告之於信仰，猶如原創研究之於科學。」[6] 我覺得自己在「聖靈學校」中進行「原創研究」，箇中喜樂難以言喻。每個失敗都帶來新的學習過程。基督與我同在，是我的導師，因此我的經驗漸漸印證主的話：「你們若常在我裏面，我的話也常在你們裏面，凡你們所願意的，祈求，就給你們成就」(約十五7)。

明白了操練禱告涉及一個學習過程，就不會傲慢地指稱禱告是哄騙或虛妄。譬如我們開啟電視機，卻沒有畫面，我們不會就此宣稱世上沒有大氣電波，而是會假設出了狀況，是可以找到答案與解決辦法的。我們會檢查電線、插座、開關、電力供應等，直至發現問題所在，知道是甚麼攔阻了電視影像的傳送。我們如何確定找到答案與解決辦法了？只要電視畫面重新出現。禱告也一樣。我們如何知道是否做對了？只要看看所祈求的是否蒙應允。如果沒有，就要尋找「攔阻」在哪裏：也許我們禱告得不對，也許我們有些心態需要改變，也許有新的禱告原則需要學習，也許要有更多忍耐與堅持……。我們要細心聆聽，作出調適，然後再次嘗試。無論如何，我們能夠知道自己的禱告是否蒙應允，正如我們能夠知道某台電視機是否運作正常。

學習為人禱告其中一樣要素，是自己與上帝相連，這樣，上帝的生命、能力，才可以透過我們造福別人。很多時候我們自以為與上帝相連，事實卻非如此，正如空氣中充滿許多廣播電台及電視的電波，但你未必聯繫得上——除非調到了準確的接收頻率。很多人投放很大的信心，不斷禱告，卻不見任何果效，他們可能根本未曾與上帝相連。我們為他人禱告之前，要停歇自己手作之工，專心聆聽萬軍之耶和華的微聲。調適心耳，以至能夠聽到屬天的微聲，這是靈命操練——忽略了這個，禱告不過是重複的空話(太六7)。聆聽主，是為人禱告的起點、中段、終點，是成功的鑰匙。祁克果(Søren Kierkegaard)有云：「人禱告，起初會以為禱告就是開口說話，其後會變得越來越寡言、安靜，最後終於明白：禱告是聆聽。」[7]

聆聽上帝是代求的必要前奏。代求有時稱為信心的禱告，它的先決條件，是「祈求指引的禱告」不斷上達至天父。當我們祈求上帝的旨意行在別人的生命中，我們自己必須先聽到、知道、遵行上帝的旨意。「祈求指引的禱告」不但要先於信心的禱告，更要支撐信心的禱告。

學習為人禱告的起點，是聽取上帝的指引。比較明智的做法，是先擱下蘇絲嬸嬸的風濕症——即使你為此已禱告了二十年。我們總是傾向為最艱難的處境禱告，譬如末期癌症或其他重病！但當我們開始聆聽上帝，我們會看到先為他人的小毛病——例如傷風或耳鳴——禱告的重要性。當我們禱告，在小事上蒙應允，會給予我們權柄在大事上為他人禱告。如果我們安靜，就不但能夠知道上帝是誰，更能夠知道上帝能力的運作方式。

有時候我們擔憂不夠信心為這個孩子或那段婚姻禱告。我們理應將這些擔憂拋開，因為聖經告訴我們，只要有芥菜種那麼小的信心，已經足以行大奇事。其實，有勇氣為他人禱告，已經是有信心的表現了。通常我們缺乏的不是信心，而是慈心。能夠帶來改變的，往往是禱告者對「接受禱告者」所懷的真正的同理心。聖經數度記載耶穌對人「動了慈心」。「憐憫」是新約聖經記述的每個醫治故事的主調。我們禱告時不應該將人視為「事」，而應該視他們為我們所愛的「人」。如果我們對人有上帝所賜的慈心與關心，我們禱告時，信心就會增添並加強。事實上，如果我們真心愛某人，就會想為那人祈求遠超己力所能成就的事物，而這驅使我們禱告。

從心而生的憐憫，是從主而來再清晰不過的指示，告訴你**這就是**你要代求的。在默想中，你的心底可能泛起一個想法、一個代求的催迫、一個切實的確據、一個聖靈的感動——這內心的「阿們」，是上帝的授權，要你為某人或某事禱告。相反，如果你想為某人禱告，心中卻滿是驚恐，也許你應該將這事暫時擱下，上帝會引領別人做這事。

禱告的初階

我們斷不應將禱告複雜化。但人明白了禱告涉及學習之後，總是傾向將禱告複雜化。我們很容易陷入這樣的誘惑，因為禱告愈複雜，別人就愈需要我們指導。然而耶穌教導我們，要像孩童那樣進到父面前。孩童與父親溝通的標記是坦率、誠實、信任。上帝之所以應允禱告，是因為禱告者是祂的兒女。此外，兒女與父母之間有一種親密關係，能包容最嚴肅和最輕鬆的事。艾克哈特（Meister Eckhart）說得好：「人之所以能生發人性，乃在於上帝以笑臉照向人，而人亦以笑臉迎向祂。」[8]

耶穌教導我們為日用的飲食禱告。你曾否留意孩童對獲得午膳供應的純全信心？他們不會因為擔憂下一餐無以為繼，因此儲藏今天的午飯！對他們來說，午飯供應是源源不絕的。孩童很自然就會跟父母交談，不會覺得困難或複雜；他們對父母有最瑣屑的要求，也不會覺得尷尬而不開口。我們將最瑣屑的需要帶到天父跟前時，其實亦毋須尷尬遲疑。

孩童也提醒我們想像力的價值。想像力對默想很重要，也是操練禱告的利器。對於在禱告中運用想像力，我們可能會有所保留，覺得有點幼稚可笑。孩童卻不會這樣想。大德蘭也不這樣想，她說：「這是我的禱告方法——既然我無法憑藉思辨進行反省，惟有設法想像基督在我裏面……我經常這樣做……我相信這做法令我的靈魂大有獲益，因為我開始操練禱告了，雖然我不知道操練禱告是甚麼。」[9] 在蕭伯納（George Bernard Shaw）的劇作《聖女貞德》（*Saint Joan*）中，貞德堅稱自己聽到從上帝而來的聲音。質疑她的人告訴她，那些聲音不過是她自己的想像。貞德不為所動，回答說：「我知道呀，這就是上帝向我說話的方式呀。」

想像力很多時候是通向信心之門。如果上帝讓我們「見到」一對夫婦重修舊好，或一個病者痊癒，這會有助我們相信盼望可以成真。孩童很自然地明白這道理，他們用想像力禱告，一點也不費勁。記得我曾奉召前去一個家庭，為一個患重病的女嬰禱告。她有個四歲的哥哥，我看見他，就告訴他我需要他的幫忙，邀請他與我一起為妹妹禱告。他的眼睛發亮，樂意至極，令我也充滿欣喜，因為我知道孩童的禱告許多時候大有功效。他坐在我旁邊，我對他說：「我們這樣做好不好：我們知道耶穌常常與我們同在，就讓我們想像祂現在正坐在那邊——那張椅子上好嗎？祂很耐心地等候我們注意祂呢！我們看見祂了，就先感謝祂的愛，然後再面對茱莉的病……我們會看見耶穌微笑，來到我們這邊。然後我和你一起將手輕輕放在茱莉身上，接著耶穌會將祂的手放在我們的手上面。有光從耶穌身上出來，進入你的妹妹身上，令她痊癒。讓我們看著基督的醫治大能，將你妹妹身上的病菌趕走，好不好？」哥哥認真地點頭。隨後我們就那樣幼稚地禱告，感謝主，祂聆聽我們的禱告，並令我們的盼望成真。我不知道具體發生了甚麼事，也不知道事情是怎樣成就的，我只知道禱告翌日早上，茱莉全然康復了。

讓我在此提醒大家：我們並非運用想像力憑空捏造一些不存在的事，也並非試圖操控上帝，要祂為我們做事。恰恰相反，我們求祂指示我們當做的事。套用茱莉安的說法，上帝是我們懇求的基礎，我們全然仰賴祂。我們的禱告，不過是上帝在我們心中動工之後，我們作出的反應。任何意念、畫面、話語都是徒然的——除非它們來自聖靈，而聖靈「親自用說不出來的歎息替我們禱告」（羅八26）。

課室中的「問題孩童」往往最樂意禱告。我有個朋友是特殊教育工作者，學生都有情緒問題。他深信上帝要他為學生禱告——他沒有宣之於口，而是付諸行動。譬如一個學生離開了自己的座位，蜷伏在教師桌下，他會將那學生抱在懷中默默禱告，求復活主基督醫治那男孩心中的創傷與自棄。為了不令那孩子尷尬，他接著會起來，一邊巡視教室，繼續手頭的工作，一邊繼續為那孩子默禱。不久那孩子會緩和下來，返回座位。有時候我朋友會問孩子們有沒有贏過賽跑，如果他們說有，他會叫他們想像自己衝過終點線，眾人喜愛他們，擁上前為他們歡呼。如此這般，孩子們參與了他的禱告服事，同時在其中學習接納自己。（今日美國基督徒教師關注公立學校的公禱問題，諷刺的是，他們很少像我朋友那樣善用為學生禱告的機會——這些服事沒有法律禁止啊！）一個學年過去，全班只有兩個學生不能重返普通班。是巧合嗎？也許是吧，不過正如湯樸威廉（William Temple）所言，他禱告之後，遇見的巧合事情多了很多。

上帝願見人間的婚姻幸福、圓滿、恆久。你可能知道一些人的婚姻亮起紅燈，需要你的幫助——也許是某位丈夫有外遇。你可以求問上帝，自己應否努力為這事禱告；如果答案是應該，也許你可以為那對夫婦每天禱告，維持三十天。運用你的想像力，想像那丈夫面對外遇對象時心裏懊悔、驚惶，不明白為何會開始那關係。想像那丈夫終於醒悟，一想到那段不倫關係就反感。想像他回到家裏看見妻子，重燃起初對她的愛。想像他們夫妻並肩同行，重拾對彼此的愛。想像他們得以敞開心懷，彼此關心，破鏡重圓。也許你可以求上帝在那丈夫和外遇對象之間築起厚牆；也求上帝用愛與眷顧，為那對夫婦建造新的居所，並使基督的平安充滿其中。

你的牧者、主日崇拜，也要浸潤在禱告中。保羅為他的會眾禱告，也請會眾為他禱告。司布真（Charles Spurgeon）將自己的成功歸於他教會的禱告。勞百克（Frank Laubach）對會眾說：「我是很敏銳的，我知道你們有沒有為我禱告！你們當中有人開小差，我是感覺得到的！你們為我禱告時，我感應到一股神奇的能力。牧者在台上講道，如果會眾之中**每個**人都懇切為他禱告，必有奇事發生。」[10] 用你的禱告充滿、滲透崇拜聚會吧！你會看見主被高舉，禮堂滿有祂的同在。

我們為性方面的反常現象禱告時，要確信真實而恆久的改變會出現。性就像河水，它原本是美好的福氣，卻必須有合宜的規範管道。河水漲溢兩岸是危險的事，越軌的性慾也一樣。上帝設定的性倫理規範是甚麼？一男一女，一夫一妻，一生一世。我們為遇上性倫理問題的人禱告時，可以想像一條潮漲洶湧的河，求主將它回復平靜。

你的禱告可以改變你的兒女，因此你應該用你的禱告改變他們。你白天要邀請他們一起禱告，晚上他們睡了，也要為他們禱告。你可以在他們牀邊輕輕按手在他們身上，祈求基督醫治他們當天受到的情感創痛與傷害，以主的平安喜樂充滿他們。

作為基督的祭司，你可以踐行一份美好的職事：懷抱著兒女為他們祝福。聖經中有父母帶兒女到耶穌面前，並非因為耶穌會和孩子們玩耍或教導他們，而是因為耶穌會為孩子按手祝福（可十 13 ～ 16）。主也賜我們能力如此行。懂得為孩子祝福的父母，他們的孩子有福了！

「瞬間禱告」（Flash Prayers）是一個好主意，見於勞百克關乎禱告的許多著作。他立志如此度日：「**看見**任何人，立刻為他們禱告！**聽見**任何人——這些孩童談話、那個男孩哭泣——馬上為他們禱告！」[11] 即時簡單直接地為他人禱告是樂事，也可帶來有趣的果效。我曾嘗試如此禱告。有一段時期，我常祈求主的喜樂，以及我們對主的同在的深刻感受，能夠在我遇見的每個人心中湧現。有時人們毫無反應，偶爾有人向我微笑，好像在回應我。我們在巴士或飛機上，可以祈求耶穌與我們同行，邀請祂搭著通道兩旁乘客的肩膀，對他們說：「我愛你。我最大的喜樂是饒恕你、賜你恩惠。你有美好的特質，是藏在心底的，只要你願意，我會幫你發掘出來。只要你願意，我樂意掌管你的生命。」勞百克認為，如果成千上萬的人願意向日常遇見的每個人發出「瞬間禱告」，並且分享經驗，我們就更能掌握為人禱告的訣竅。我們能夠改變一個國家的整體氣氛——只要成千上萬的人日夜以禱告眷懷身邊的人。「無數禱告聚合，好像水滴匯聚成海洋，攻破一切阻擋。」[12]

我們要學習以禱告抵擋罪惡。先賢敦促我們，要發起屬靈戰爭，對抗「世界、肉體、魔鬼」。我們切不可忘記靈魂的仇敵「如同吼叫的獅子，遍地遊行，尋找可吞吃的人」(彼前五 8)。我們在禱告中，與「執政的、掌權的」爭戰。我們也要禱告，求上帝保守我們；我們要以基督的生命環繞自己，以基督的血覆蓋自己，以基督的十字架為得救的確據。

我們斷不可等到自己**想**禱告了才為人禱告！禱告是操練，人人都不愛操練，但萬事起頭難，只要我們開始了，就會想繼續操練。以練琴為例，起初我們可能不大情願，但只要練習一會，就會想彈下去。同樣，我們的禱告操練需要一點「熱身運動」，一旦進入代求的狀態，我們就會想繼續禱告。

我們不用擔心這操練會太花時間，因為「它不花時間，它佔據我們所有時間」。[13] 禱告不應是常務以外的差事，而應與常務並行——在一切日常事務之前、之中、之後，禱告都應如影隨形，易言之，禱告與行動密不可分。凱利說：「我們的心智可在多於一個層面同時運作：我們在一個層面思想、討論、觀看、衡量、處理外在事務，但在內心深處、表相之下那更重要的層面，我們可以同時禱告傾慕、歌唱敬拜、細聽屬天的微聲呼喚。」[14]

我們有太多功課要學，太長路程要走。泰特大主教（Archbishop Tait）的話，道出我們心底的呼求：「我渴望有更好、更深、更真的禱告生命。」[15]

4

禁 食

有人高舉宗教式禁食，遠離聖經所言與常理所限；另外有人斷然罔顧此事。

約翰．衛斯理

在一個食店林立、膜拜美食的社會，禁食似乎不合情理、不合時宜。事實上，多年來在基督教內外，禁食都是備受輕視的題目。譬如按我蒐集的資料所得，從一八六一年至一九五四年近乎一百年間，竟然找不到一本從基督信仰角度討論禁食的著作。其後人們對這題目重新產生了興趣，但要回到合乎聖經的中道，似乎仍有一大段路要走。

聖經經常提及禁食，歷代基督徒也熱切操練禁食，為甚麼禁食在近世會遭受如此冷待？有兩個原因。其一，禁食的名聲不佳，這源於中世紀一些極端苦行的餘風。隨著基督信仰之內在實質（inward reality）的衰敗，強調那僅存之外在形式（outward form）的傾向由此出現；而當某種形式失卻屬靈能力後，律法就成為主導——因為律法蘊含著一種安全感及控制能力。因此，禁食服膺於最嚴苛的規條，伴以極端的苦行與自虐。現代文化所反感者，其實是這些極端做法與想法——禁食因而被視為苦行的同義詞。

其二，今日世界不停嘗試說服我們：一天沒有三頓飽餐，以及餐間的零食，就是瀕臨飢餓邊緣！再者，人們普遍認為，滿足身體所欲就是好事，這令禁食顯得不合情理。任何人若認真考慮禁食，反對聲音即不絕於耳：「以我所知，禁食危害健康。」「禁食令你喪失精力，無法工作。」「禁食豈不會破壞你的人體器官組織？」這些都並非事實，盡都出於偏見。人體缺乏空氣和水只能生存很短時間，然而人卻可以很多天不進食。雖然有些機構就禁食的課題大放厥詞，但我這說法斷無誇大：如果恰當行之，禁食對身體是有益的。

聖經論及禁食的地方不少，值得我們細究這古老的靈命操練。聖經提及的禁食者多不勝數：頒佈律法的摩西、君王大衛、先知以利亞、王后以斯帖、先見但以理、女先知亞拿、使徒保羅、道成肉身的聖子耶穌基督。教會歷代許多偉大聖徒都曾禁食，並見證了禁食的價值，包括：馬丁．路德、加爾文、諾克斯（John Knox）、約翰．衛斯理、愛德華茲（Jonathan Edwards）、布雷納、芬尼（Charles Finney）、中國的席勝魔。

禁食的操練不限於基督教，世上各大宗教都知道禁食的益處：瑣羅亞斯德（Zoroaster／Zarathustra）、孔子、印度的瑜珈修行者都禁食。柏拉圖、蘇格拉底、亞里士多德也禁食。現代醫學之父希波克拉底（Hippocrates）亦相信禁食有益。當然，這些人高舉禁食，不等於禁食因此正當或值得嘗試，但卻應該足以令我們停下來，重新檢視坊間對禁食的看法是否真確。

聖經中的禁食

聖經中提及的禁食，都是為了靈性原因進行的，與為了得到政治權力或出於其他公益理由而進行的「絕食」不一樣；此外也跟為了身體健康而進行的「戒食」不一樣。現代社會大抵已經世俗化，因此「禁食」（若還有人禁食的話）通常都是出於虛榮或渴望得到權力——這並非說如此的「禁食」必然不妥，但這類禁食與聖經中的禁食大不相同。聖經中的禁食，總是為了靈性的原因。

聖經中的禁食，通常是禁戒一切食物（包括固體及液體），不包括清水。聖經記載耶穌禁食了四十天，「那些日子沒有吃甚麼；日子滿了，他就餓了」，撒但引誘耶穌進食（路四 2～3）。換言之，耶穌只禁戒食物，沒有禁戒清水。這是禁食的一貫做法。

聖經中也有些禁食只禁戒某些食物，而非禁食所有食物。以先見但以理為例，雖然他似乎恆常進行常見的禁食，但有一段為期三週的日子，他宣稱「美味我沒有吃，酒肉沒有入我的口，也沒有用油抹我的身」（但十 3）。聖經沒有告訴我們但以理為何不進行慣常的禁食，也許王家職務不容許他這樣做。

不過聖經中也有幾個可稱為「完全禁食」的例子——禁戒食物和清水——似乎都發生在危急存亡之際。譬如當以斯帖面對自己和猶大人被滅絕的危機，她告訴末底改：「你當去招聚……所有的猶大人，為我禁食三晝三夜，不吃不喝；我和我的宮女也要這樣禁食……」(帖四 16)。保羅遇見復活的基督後,不吃不喝三天(徒九 9)。一般而言,人體缺水不能超過三天,所以摩西和以利亞的四十天不吃不喝,必須被視為超自然的禁食(申九 9;王上十九 8)。必須強調的是,完全禁食是非常例外的情況,我們除非有來自上帝的清晰吩咐,否則不可貿然進行,就算進行,也不應超過三天。

大多數情況下,禁食是個人與上帝之間的私事,不過偶爾也有集體、公開的禁食。摩西律法規定的惟一一次年度公開禁食,是在贖罪日進行的(利二十三 27)。猶太人會在猶太曆法中的**贖罪日這天**,為他們的罪哀傷克己。(其後陸續增添類似的禁食日,直到今天有超過二十個禁食日!)此外每逢社羣或國家出現急難,民眾都會被號召禁食:「你們要在錫安吹角,分定禁食的日子,宣告嚴肅會」(珥二 15)。猶大國面臨敵軍壓境,約沙法王號召全民禁食(代下二十 1~4)。約拿向尼尼微城宣告耶和華的審判要臨到,合城的人和牲畜(牲畜當然不是自願的)都禁食。以斯拉帶領猶大人回歸耶路撒冷之前,吩咐眾人禁食禱告,求上帝在盜賊橫行的路上保守他們平安(拉八 21~23)。

集體禁食可以成為震撼人心的美好經驗,但必須有一羣同心合意、預備充足的禁食者。藉著合一的集體禱告與禁食,教會或羣體的嚴重問題可望得到解決、關係得以修復。若有足夠多的人明白箇中意義,全國禱告禁食也可以大有果效。一七五六年英國面臨法國入侵,英王號召全民禱告禁食一天。約翰 · 衞斯理在當年二月六日的日記中記道:「這個禁食日是滿有榮光的一天,是自從『王政復辟』以來在倫敦罕見的。全城的教會都擠滿了人，人人神情凝重。上帝明顯應允禱告，我們的平靜安穩必可持續下去。」他還有一個註腳寫道：「屈辱化為全國歡騰，因為來自法國的威脅解除了。」[1]

綜觀歷史，定期禁食的做法也很常見，且不斷演變。譬如在撒迦利亞先知的時代，每年定期有四次禁食（亞八 19）。在耶穌的一個比喻中，有個法利賽人自詡的禁食應該是當時的普遍做法：「⋯⋯我一個禮拜禁食兩次⋯⋯」（路十八 12）。[*]《十二使徒遺訓》（*Didache*）規定一週有兩個禁食日：禮拜三、禮拜五。主後六世紀，第二次奧爾良會議（Second Council of Orleans）設立定期的禁食日，規定信徒必須遵行。約翰．衛斯理一心想恢復《十二使徒遺訓》的教導，早期敦促循道會信徒在禮拜三及禮拜五禁食；他對禁食甚為熱心，甚至拒絕按立不在禮拜三、禮拜五禁食的人為循道會牧職人員。

定期禁食對一些人大有裨益，他們因此嘗試在聖經中尋找定期禁食的誡命，意圖施諸所有基督徒；不過遍尋不獲，因為聖經中委實沒有定期禁食的誡命。然而，福音賦予我們自由，並不意味著我們可以為所欲為；這自由為我們帶來的是機會——既然沒有律法制限，就可以在任何日子禁食了。對使徒保羅來說，自由就是他可以經常禁食（參看林後十一 27）。我們要時刻謹記使徒的勸誡：

---

* 法利賽人常在禮拜一及禮拜四禁食，因為那兩天是集市日，街上會有更多行人發現、稱讚他們的虔誠。

「⋯⋯不可將你們的自由當作放縱情慾的機會⋯⋯」（加五 13）。

近年有個「操練」頗受歡迎，與禁食有點類近，稱為「警醒」（watchings），它源於保羅提及的他為基督所受的苦（參林後六 5，十一 27），就是為了禱告或其他靈命操練的緣故，禁戒睡眠。這做法與禁食不必同時進行，不然禁食就不可能維持長時間了！「警醒」也許真有價值，上帝偶爾也呼召我們為某些事不眠不休。但我們必須小心，不要將聖經中偶爾提及的事，當作天大的責任或義務。我們要牢記保羅的警誡——論到靈命操練，我們會發現很多事「⋯⋯使人徒有智慧之名，用私意崇拜，自表謙卑，苦待己身，其實在克制肉體的情慾上是毫無功效」（西二 23）。

禁食是誡命嗎？

很多人會問：聖經是否命令所有基督徒禁食？這疑問是合理的。很多人努力尋索這問題的答案，結論言人人殊。在贊成的答案中，其中一個最精闢的論據，來自一本一五八〇年的著作，可說是講論禁食的經典，作者名卡韋特（Thomas Cartwright），書名是《真禁食的神聖操練》（*The Holy Exercise of a True Fast*）。

雖然不少經文提及禁食，但有兩段特別重要，其一是耶穌在「登山寶訓」中論到禁食的精采教訓，* 當中有兩個重要的背景需

---

* 我無意在此反駁「時代論」（Dispensationalism）的謬誤，它宣稱「登山寶訓」只適用於將來的世代，不適用於當今世代。關乎這題目的討論，參看 Daniel P. Fuller 的博士論文，“The Hermeneutics of Dispensationalism”（Nortwestern Baptist Seminary, Chicago）。

要考量。其一，耶穌關乎禁食的教訓，與祂關乎奉獻和禱告的教訓，在同一背景中；換言之，這似乎假設了奉獻、禱告、禁食，都是基督徒生活一部分。因此，如果沒有理由不奉獻、不禱告，也似乎沒有理由不禁食。其二，耶穌的說法是「你們禁食的時候……」（太六16），耶穌彷彿已假設門徒會禁食，於是教導他們正確的態度和做法。馬丁·路德說：「基督沒有打算否定或貶抑禁食……祂打算恢復恰當的禁食。」[2]

話得說回來，耶穌這些話並不是誡命。耶穌不過是就著當代一個普遍的宗教行為，給門徒一些指導而已。祂沒有提及禁食是否合宜、應否繼續。易言之，雖然耶穌並非說「如果你們禁食……」，但祂也並非說「你們**必須**禁食……」。祂的話不過是「你們禁食的時候……」。

另一段耶穌論到禁食的重要內容，來自祂回答施洗約翰之門徒的提問。施洗約翰的門徒和法利賽人都禁食，但耶穌的門徒卻不禁食，前者十分疑惑，問耶穌為甚麼。耶穌答道：「新郎和陪伴之人同在的時候，陪伴之人豈能哀慟呢？但日子將到，新郎要離開他們，那時候他們就要禁食」（太九15）。究竟今日基督徒應否禁食？也許這是新約聖經中最重要的指引。

隨著耶穌的到來，新的一天開始，上帝的國臨到門徒中間，滿有權能。「新郎」與他們同在，這是歡宴的日子，不是禁食的日子；然而，時候將到，耶穌的門徒要禁食——雖然不像昔日那樣「按律法規定」。

所謂耶穌的門徒要禁食的「日子」，最合理的解釋，豈不就是現今教會世代？我們尤其要注意上文下理：禁食與耶穌接著提到的「上帝的國之新酒皮袋」有密切關聯（太九 16、17）。華理斯（Arthur Wallis）認為耶穌所指的「日子」就是「現今教會的世代」，而不是耶穌受死與復活之間那三天。華理斯的結論是：「因此我們必須將『耶穌不在的日子』理解為『現今的世代』，就是從耶穌復活升天，到祂從天再降臨世間的日子。這明顯是使徒對耶穌那話的理解，因為聖經也是在耶穌復活升天之後，才有門徒禁食的記載（徒十三 2、3）……現今教會的世代，就是主耶穌說的『他們就要禁食』的日子。現在就是那日子！」[3]

耶穌的話清楚表明，祂期望祂的門徒在祂離開後禁食，雖然祂的話不以誡命的形式說出，但這只是表達方法的不同而已。明顯的是，基督贊成禁食，也預期祂的門徒會禁食。

也許我們最好還是避免「誡命」的說法吧，因為嚴格來說，耶穌的確沒有命令人禁食，但祂也顯然假設上帝的國的子民會禁食。對渴慕與上帝親密同行的人來說，耶穌的話引領他們踐行禁食。

今日還有人回應基督的呼召嗎？我們是否習慣了「廉價恩典」，自然而然迴避了「順服」這更高的呼召？「廉價恩典不涉及作門徒，也撇棄了十字架。」[4] 舉例來說，為甚麼我們毫無異議地確認奉獻金錢為基督徒生活所必須，但禁食卻充滿爭議？禁食的聖經理據就算不比奉獻金錢多，也肯定與奉獻金錢一樣多啊！也許，對我們這豐裕的社會來說，禁食比起奉獻金錢，要作出更大更多的犧牲。

禁食的目的

值得注意的是，耶穌論及禁食的第一段話，乃是關乎動機（太六 16～18）。用好行為來達成自私的目的，從來都是假宗教的標記。人往往利用禁食這樣的事，試圖逼上帝滿足一己私慾。有時人會強調禁食的福氣與益處，甚至以為只要稍稍禁食，就能驅動一切，以至上帝，聽從我們的指揮。

禁食務須以上帝為核心，必須由上帝發動、上帝號令。我們要效法女先知亞拿「禁食……事奉上帝」（路二 37）。其他目的斷不可高於上帝，正如安提阿教會使徒團隊將「禁食」和「事奉主」緊扣一起（徒十三 2）。司布真說：「我們在教堂舉行禁食和祈禱的日子，委實值得慶賀，天堂的門從未如此大開，我們的心從未如此靠近上帝的榮光。」[5]

上帝質詢撒迦利亞時代的百姓：「你們……禁食悲哀，豈是絲毫向我禁食嗎？」（亞七 5）。禁食若非為上帝而做，就是徒然。身體得健康、禱告有果效、獲賜能力或屬靈洞見——這些都不能取代上帝，成為禁食的核心。約翰．衛斯理說得好：「首先，禁食必須為上帝而做，我們定睛在祂身上。故此，我們的動機只有一個：榮耀我們天上的父……」[6] 只有這樣，我們才不會愛福氣多於賜福者。

我們一旦確定了禁食的首要目的，就可以關注禁食的其他目的。與其他靈命操練相比，禁食更能夠揭示那些轄制我們之物——對那些渴慕擁有耶穌基督樣式的真門徒來說，這是禁食的寶貴益處。我們常以食物及其他美物來掩飾內心世界，在禁食中，被掩飾的一切都會顯露。如果驕傲轄制我們，很快就會顯露出來。大衛說：「我……以禁食刻苦我心……」(詩六十九 10)。忿怒、怨恨、嫉妒、紛爭、恐懼——只要存於心裏，在禁食中都會浮現。起初我們會狡辯，忿怒是因為飢餓，但其後就會知道，忿怒其實早在心中萌生。不過我們應該高興得知此事，因為藉著基督的權能，我們會得醫治。

禁食提醒我們，人活著是靠賴「上帝口裏所出的一切話」(太四 4)。我們活著不靠食物，乃是靠賴上帝。「萬有也靠他而立」(西一 17)。因此在禁食中，我們經驗的不僅是拒絕進食，更是以上帝的話為盛筵。禁食就是盛筵！昔日門徒向耶穌遞上食物，滿以為祂在挨餓，不料祂這樣說：「我有食物吃，是你們不知道的……我的食物就是遵行差我來者的旨意，做成他的工」(約四 32、34)。這不是貼切的隱喻，而是確切的事實：耶穌確然靠賴上帝的權能而活，這就是馬太福音六章中，耶穌講論禁食的理據所在；我們禁食之時，不要一臉苦相，因為事實上，我們真的一點不苦。我們以上帝為生：正如以色列人在曠野獲得上帝所賜的嗎哪為生，我們則以上帝的話為生。

禁食有助維持生活平衡。我們多麼容易讓可有可無的事物佔據生活，還會渴求不需要的東西，甚至上癮成痴！保羅說：「……凡事我都可行，但無論哪一件，我總不受它的轄制」(林前六 12)。人的慾望和渴求，就像泛溢河岸的潮水，禁食是治理河道泛溢的良方。保羅說：「我是攻克己身，叫身服我……」(林前九 27)，大衛也說：「我……禁食，刻苦己心」(詩三十五 13)。

這不是極端的苦行主義，而是紀律——紀律帶來自由。四世紀的愛斯德里（Asterius）認為禁食對肚腹有鎮靜作用，令身體不致成為「沸騰的水壺」，導致靈魂難以平靜。[7]

很多人寫過禁食的其他益處，譬如代求更有果效、決議獲得指引、精神更能集中、從轄制得釋放、身體益加康健、能領受上帝的啟示等。由此可見，上帝會賞賜那些專心致志、孜孜不倦尋求祂的人。

禁食的方法

當代人大多不知道如何禁食。願意學習禁食的人，必須學會一些基本知識。

與任何靈命操練一樣，操練禁食必須循序漸進，按部就班，從基本功學起。開始時可以進行維時二十四小時的「部分禁食」（partial fast）。很多人在兩頓午餐之間禁食，換言之連續不吃晚餐及早餐。禁食期間可以喝新鮮果汁。就這樣，從每週一次開始，連續進行幾個禮拜。起初你會對身體的反應相當詫異，但更需要留意的，是你內心的態度。禁食期間可以照做日常事務，但心中毋忘禱告、讚頌、唱詩、敬拜、思念上帝。要將每個日常差事，化作獻給主的神聖事奉——事無大小，對你來說都是聖職。務要培養「一顆溫柔的心，可以感應上帝的細語」。[8] 禁食過後第一餐應為輕食，可以是水果及蔬菜，加上滿心的歡欣。

幾個禮拜後，可以嘗試維時二十四小時的「常見禁食」（normal fast）了。只喝清水，但分量要充足。很多人覺得蒸餾水最好。若希望有點味道，可在清水中加一點檸檬汁。禁食期間可能感到肚子餓或少許不適，但這不是真正的飢餓，而是腸胃多年來習慣了在某時某刻發出飢餓訊號而已。可以說，你的腸胃就像被寵壞的孩童——被寵壞的孩童需要的不是縱容，而是管教！馬丁·路德説：「……肉體慣於大聲抱怨。」[9] 你斷不可縱容這種抱怨。要漠視這些訊號，甚至吩咐那被寵壞的孩童安靜下來——很快你就會不再覺得肚子餓。如果還是不行，嘗試慢慢喝下一杯清水，這樣就會有飽腹感。你要做肚腹的主人，而不是它的奴隸！若是可行，將平常的進餐時間，用作默想禱告。

當然你也必須遵從耶穌的教導，不要讓人知道你在禁食——除非那人必須知道這事。如果讓人知道你在禁食，你所得到的敬佩——如耶穌所言——就是你的獎賞了。但你應得的獎賞遠不止於此！以下是某個人的記述，他為了操練禁食，定意在兩年內，每週禁食一天。留意他的進程，以及他的獎賞如何從小至大、由淺達深。

1. 我獲得很大的滿足感：我可以一天不吃東西。我向自己道賀，原來禁食這麼容易……
2. 開始覺得禁食並沒有那麼簡單。我有這個醒悟，是因為開始覺得肚子餓……
3. 開始從食物聯想到生命中吸引人的東西……搭公車時不是要有座位才感愜意，夏天不一定要涼快，天冷也不一定要溫暖。

4. ……更多反思基督的受苦，還有那些饑民及那些懷中兒女吃不飽之人的苦痛……
5. 禁食六個月後，我開始明白為何要操練兩年。我的體驗不斷有變。禁食日會格外覺得肚子餓，進食的誘惑也愈發強烈。我會在禁食日尋問上帝對我一生的旨意——這是我平生首次做這事。我開始思想向上帝**降服**、交出生命主權是怎麼一回事。
6. 如今我知道禱告和禁食必須緊扣一起——別無他法——但我仍未習慣如此行。[10]

當你的禁食獲得一定程度的靈性果效，就可以考慮進行維時三十六小時的禁食，就是連續禁食三餐。操練過禁食三餐後，就可求問主是否要你進行更長時間的禁食。三至七天是一個指標，這種程度的禁食，也許會對你人生帶來深遠的影響。

最好事先知道身體是如何面對較長時間的禁食的：頭三天通常是最難熬的——最不舒服、肚子最餓。我們的身體會開始排出多年不良飲食習慣所積累的毒素，這是個辛苦的過程。我們會因為這排毒過程而長舌苔，口中也有難聞的口氣。千萬不要因此感到困擾，反而要慶幸促進了健康！這期間你有可能會頭痛，尤其如果你有喝咖啡或茶的嗜好。這是輕微斷癮徵狀，雖然一度很惱人，但是徵狀始終會消失。

從第四天起，肚子餓的不適會開始消減——雖然仍會覺得乏力，甚至偶爾覺得暈眩。這暈眩是暫時的，由急促的動作引起，只要減慢行動的速度，應該沒有大礙。你的體力會持續下降，就連完成區區小事都覺費勁。休息是最好的解決辦法。很多人覺得這是禁食最難熬的階段。

到了第六天或第七天，你的體力和精神會開始恢復。肚子餓的不適會繼續減退，直到第九天或第十天，變成不是一回事了。你的身體已排出大量毒素，這令你感覺良好。你的注意力會增強，甚至覺得自己可以無限期禁食下去。以身體狀況來説，這是較長時間的禁食中最讓人感到愉快的階段。

第二十一天至四十天(或更長時間)中的某一刻，肚子餓的不適會恢復，情況因人而異。這是飢餓的第一階段，不適的感覺是身體耗盡貯備，開始損耗人體組織的訊號。到這階段，禁食必須中斷。

一次禁食會減去多少體重？因人而異，差異可以很大。一般來説，禁食之初大約每天瘦兩磅，然後減為每天瘦一磅。禁食期間較易感到寒涼，因為身體的新陳代謝產生的熱能比平常少，但只要注意保暖，問題應該不大。有些人因著健康理由，是不應該禁食的：糖尿病患者、孕婦、心臟病患者等。若不確定自己的身體狀況可否禁食，就要請教醫生。

有人在開始較長時間的禁食之前，滿以為應該多吃一點作「貯糧」——這是十分不智的！恰恰相反，禁食前一兩天應該開始減食。此外，在較長時間的禁食前兩三天，最好戒掉咖啡或茶。如果禁食前的最後一餐是水果蔬菜，應該不會有便祕的問題。

較長時間的禁食結束後第一天，應該進食小量水果汁或蔬菜汁，因為胃部縮小了許多，還有整個消化系統進入了一種冬眠狀態。第二天大致可以吃水果，然後是牛奶或乳酪。接著可以吃新鮮的沙拉，或煮熟的蔬菜。要戒食沙拉醬、油、澱粉質。切忌飲食過量。此時正好檢討一下自己的飲食習慣，看看是否需要管束自己的胃口，在飲食上更節制。

雖然禁食對身體的影響很吸引人繼續探究，但我們切不可忘記，論到聖經中的禁食，主要戰場是在靈界：在靈界發生的事，遠比在身體發生的事重要；你參與的是屬靈戰爭，必須穿戴以弗所書六章所載的全副軍裝！論到屬靈戰爭，其中一個最關鍵的時刻是禁食的尾聲，那時人總有鬆懈的傾向。但話得說回來，我不希望大家覺得每次禁食必然是靈界重大戰役，起碼這不是我的個人體驗。在我的個人體驗中，禁食帶來「……公義、和平，並聖靈中的喜樂」(羅十四 17)。

禁食可以帶來靈性上的突破，是其他靈命操練無法達至的。禁食是上帝賜恩賜福之道，不應該被漠視。約翰．衛斯理說得好：「……這不僅是理性的啟迪……歷世歷代上帝的子民都以禁食為蒙福之道……上帝更親自教導他們，藉著清晰無誤的啟示，揭示祂的心意……不論昔日催促古人熱切、恆久操練禁食的理由是甚麼，那些理由今日也同樣鏗鏘有力地催促我們如此行。」[11]

時候到了，如今就是了，惟願所有聽到基督呼喚的，都能付諸行動。

5

研 習

只研究人體的，可獲得生物知識，卻不能透析心靈；只研讀書籍的，能透析心靈，卻忽略了實體。能夠在看見之外，加上觀察，在閱讀之外，加上反省，就是踏在通往知識的正道上——此外在細察他人心聲之餘，還要不罔顧自己的心聲。

科頓（Caleb Colton）

靈命操練的目的，是全人徹底改變，即撤除舊的、有害的思想習慣，以新的、賜生命的思想習慣取而代之。研習的操練，最能表明這目的。使徒保羅告訴我們：我們的變化，來自心意更新（羅十二2）。心意更新，來自思想那些會改變心意的事情——「弟兄們，我還有未盡的話：凡是真實的、可敬的、公義的、清潔的、可愛的、有美名的，若有甚麼德行，若有甚麼稱讚，這些事你們都要**思念**」（腓四8；粗體為引者所加）。研習的操練，是令我們**思念**這些事的主要方法。我們應該慶幸毋須單憑己力去改變內心，而可藉著研習這方法——研習是上帝恩典的載具。

很多基督徒受制於各種恐懼與憂慮，只因沒有進行研習的操練。他們可能勤於參加教會聚會，也盡心盡力事奉，卻沒有甚麼改變。我所說的「他們」，不是徒具宗教外觀的人，而是真心實意敬拜、順服上帝，以耶穌基督為主的人。他們唱詩充滿火熱，禱告充滿聖靈的臨在，生活充滿順服，甚至領受過屬天的異象與啟示，但他們生命的基調依然一成不變。為甚麼？因為他們沒有認真進行其中一個上帝用來改變我們生命的操練：研習。耶穌的話再清楚不過：真理的知識會釋放我們。「你們必曉得真理，真理必叫你們得以自由」（約八32）。愜意的感覺不能叫我們得自由；出神的經驗不能叫我們得自由；「因耶穌而興奮」不能叫我們得自由。沒有真理的知識，我們不會自由。

這原則適用於一切人類活動：生物學及數學如是，婚姻或其他人際關係亦如是，靈命尤其如是。很多人在靈性旅途上寸步難行、迷失方向，其實不過是由於缺乏對真理的認識。尤其不幸的是，很多人因著假教訓，陷入最可怖的捆綁中。「你們……走遍洋海陸地，勾引一個人入教，既入了教，卻使他作地獄之子，比你們還加倍」（太二十三15）。

因此讓我們好好操練研習，認識甚麼是研習及其隱患，並以喜樂的心踐行，享受它帶來的釋放與自由。

何為研習？

研習涉及一種特定的經驗，在這種經驗中，人藉著細心專注眼前的事物，令心思移向某個方向。記住，人的心思總會重組某種秩序，它與心思所專注之物的秩序相應。譬如當我們觀察一棵樹或閱讀一本書，我們細看它、感受它、思索它，從中歸納出結論。我們這樣做的時候，思想其實在重組某種秩序，它與那棵樹或那本書中的秩序相應。當我們專注地這樣做，帶著感應，予以重複，牢固的思想習慣便繼而產生。

舊約聖經吩咐以色列人將律法寫在大門上、門框上，還要「繫在手上作記號，戴在額上〔原文是『兩眼之間』〕作經匣」(申十一 18；《和合本修訂版》)。這吩咐的目的，是將心思重複不斷地導向關乎上帝和人際關係的某種思想模式。唸珠或祈禱輪也有同樣的功用。當然，新約不再主張將律法寫在門框上，而是主張將之記在每個人的心版上，引領人思想那位永在且內住在人心中的耶穌。

我們必須重申：從研習而來的事物之秩序，**會**形成牢固的思想習慣。我們**研習甚麼**，就會形成甚麼樣的習慣。因此保羅勸我們要思念真實的、可敬的、公義的、清潔的、可愛的、有美名的事物。

研習與默想，是不一樣的思想過程。默想關乎靈修，研習關乎分析。默想細味一個字詞，研習闡釋一個字詞。默想與研習雖然常常交疊，卻是兩個截然不同的經驗。研習提供一個客觀框架，讓默想可在其中進行。

有兩種「書」可供我們研習：言語的、非言語的。書本及課堂，不過是研習的一半範疇，甚至更少。大自然，還有非常重要的人情世事，則是主要的非言語研習範疇。

研習的主要任務，是感應某個情況、某次相遇、某本書……等的實相。譬如說，我們可以經歷一次重大危機，卻感應不到箇中苦況的真實本相。但如果我們留心觀察，事後反省，就可以學到許多道理。

四個基本步驟

研習有四步，第一步是重複。重複這步驟有規律地將心思導向某個方向，接著就會產生牢固的思想習慣。我們可能對傳統教學側重背誦嗤之以鼻，但不可不知的是，人就算完全不明白背誦的是甚麼，僅僅重複背誦，也足以影響心思。單憑重複，就能形成牢固的思想習慣，繼而改變行為。很多靈修方法都強調反複思念上帝的作為，就是這個原因。這也是「心理控制術」(psychocybernetics)的理論根基：藉著不斷訓練人重複對自己說一些肯定的話(例如：「我無條件地愛自己」)，從而改變人的心態。重複者是否相信自己重複的話，是不重要的，重要的是那重複的話。心思因此受影響，繼而作出回應，按照所重複的話去調校行為。當然，這原則古今中外皆知，卻在近年才得到科學上的印證。

所以電視對人的影響是重大的。每晚黃金時段的劇集若是充滿兇殺暴力，會將慣性收看節目的觀眾的心思，導向一種具破壞性的思想模式。

研習的第二步是專注。在重複思想某事之外，若再加上專注，會對學習大有助益。專注令心思集中在研習之事上。人的腦袋有令人難以想像的專注力，雖然同時接收數以千計的外來刺激物，卻能夠把它們大多數貯存起來，只集中處理少數。若然目的明確，當我們只集中注意力在選定的研習課題上，大腦的功能就能發揮更大的果效。

時下文化不重視專注。分心走意是今人的常態。舉例來說，許多人整天做甚麼事都要聽著音樂，有些人邊讀書邊看電視。大多數人覺得一整天專注做一件事，是不可思議的。我們的精力總是處於分散的狀態。

若我們能夠重複將心思引向某個方向，專注其中，又明白所研習之事，就進到新的層次了。理解，是操練研習的第三步。

如前所述，耶穌提醒我們，使我們得自由的，不僅是真理本身，更包括我們對真理的**認識**（約八 32）。所謂理解，焦點乃在我們對真理的認識。人人都有這樣的經驗：反複閱讀某些材料之際，突然明白了它的意思，這種「我明白了！」的「頓悟」，將我們提升到另一層次的成長與自由，帶來新的洞見與明辨，令人對實相有更真切的感悟。

研習的第四步是反思。理解讓我們知道研習了甚麼，反思讓我們知道所研習的有何**意義**。我們必須反思、琢磨時下的世事，才可找到事情的底蘊。反思引領我們從上帝的觀點察看萬事。反思不但讓我們明白事情，也讓我們明白自己。耶穌常常提到有些人有耳卻聽不到、有眼卻看不見——當我們仔細反思所研習的，才可以真的聽到，真的看見。

顯而易見的是，研習的先決條件是謙卑。除非我們願意服在所學的事物之下，否則我們是無法研習的。我們必須服從教學的規則，我們必須成為學生，而不是教師。研習不僅直接取決於謙卑，亦有助人變得謙卑。狂傲與受教，是不能兼容的。

有些人上過某些課程，或得了某些學歷，因此趾高氣揚，不可一世。我們都認識這樣的人，他們是非常可悲的，因為他們根本不明白研習的意思。他們以為積累信息就是得到知識，滔滔不絕就是有智慧的彰顯。哀哉！使徒約翰以上帝的知識為永生：「認識你——獨一的真神，並且認識你所差來的耶穌基督，這就是永生」（約十七3）。就算稍稍觸及這樣的知識，也足以令人馬上謙卑下來吧？！

看過研習的四個基本步驟，以下我們會講操練研習的實務。

研習：書本

論到研習，我們最常想起書本或文章。如前所述，書本只是研習範疇的一半，但它最常見，當然也很重要。

不幸地，很多人以為研習一本書是易事——這輕率的態度，造成普遍的不良閱讀習慣。其實研習一本書是極複雜的事，尤其對新手而言。譬如打網球或打字，初學時似乎有萬千細節必須掌握，我們不禁眼花撩亂，覺得怎可能同時兼顧這麼多細節？但當掌握了箇中訣竅，一切操作就變得很自然，可以專注在競賽或有待鍵入的字詞上。

研習一本書也一樣。研習是一門艱深的藝術，涉及錯綜複雜的細節。要說服人相信研習需要學習，這本身已極不容易。大多數人以為識字即等於懂得研習，這是對研習的誤解，而這種無知，導致很多人難以從閱讀中獲益。

當我們閱讀一本書，有三個內在法則、三個外在法則主導著研習的進程。[*] 學習閱讀之初，可能需要連續閱讀三次內容，才能把三個內在法則全部應用。不過假以時日，應該可以在一次閱讀中，同時應用三個內在法則。第一次閱讀是為**理解**：作者在説甚麼？第二次閱讀是為**詮釋**：作者的意思是甚麼？第三次閱讀是為**判斷**：作者的説法是對是錯？我們大部分人傾向一讀就下判斷，完全忘了要理解和詮釋。我們還未理解一本書説了甚麼，就狠狠地下判語！我們還未搞清楚它的意思，就判定它的對錯。傳道書的作者説得好，日光之下，天下萬務都有定時——要給一本書作批判分析，必須在細心理解及詮釋**之後**。

然而，單憑內在法則，不足以讀通一本書，還要加上外在法則——**個人經驗、其他書本、交流討論**。

惟有通過「個人經驗」，我們才可詮釋所讀的，並產生共鳴。譬如當我們親身走過死蔭幽谷，這時候再讀一本論述悲劇的書，會有意想不到的回響。經驗被理解及反思過後，可以光照並充實研習的過程。

「其他書本」包括辭典、註釋書及其他詮釋工具，不過更重要的，是相關主題的經典佳作。許多書必須與其他書一起讀，才可以發現箇中意義。例如許多人覺得新約聖經的羅馬書或希伯來書難以明白——除非對舊約聖經內容有所掌握。又例如人除非認

---

* 這些法則在 Mortimer J. Adler, *How to Read a Book* (New York: Simon & Schuster, 1940) 中有詳細論述，我的講論從這本佳作獲得不少啟發，特此致謝。

識《邦聯條例》(Articles of Confederation)及美國憲法，不然難以讀懂《聯邦黨人文集》(*The Federalist Papers*)。論述人世間核心議題的重要著作，都是密切相關的，閱讀這些著作，應該順藤摸瓜，讀完一本又一本。

「交流討論」是指一羣人研習中的思想互動。譬如說，我和學生面對柏拉圖或奧古斯丁的著作，僅僅閱讀過後，對其意思或意義的掌握都不過是一鱗半爪。但在相聚討論、辯論，以至「蘇格拉底式對談」後，洞見就會陸續出現——與作者交流，也與其他同學、老師交流，才可生出創見。

論到研習的書，首要的是聖經。詩人問：「少年人用甚麼潔淨他的行為呢？」答道：「是要遵行你的話！」又說：「我將你的話藏在心裏，免得我得罪你」(詩一一九 9、11)。在詩人而言，「你的話」只包括摩西五經，對歷世歷代基督徒來說，卻包括整本聖經。「聖經都是上帝所默示的，於教訓、督責、使人歸正、教導人學義都是有益的，叫屬上帝的人得以完全，預備行各樣的善事」(提後三 16、17)。注意，首要不在於教義上的純全(雖然這毫無疑問是重要的)，而在於內心的轉化。讀經是為了改變，不為積累信息。

然而我們必須知道，研習聖經與靈修式讀經，分別是很大的。研習聖經首要關乎詮釋：經文的意思是甚麼？靈修式讀經首要關乎應用：經文對我有甚麼意義？很多時候我們太快跳到應用，繞過了詮釋這一步——易言之，還未搞清楚經文的意思，就想知道經文對我有何意義！在研習中，我們不追求屬靈上的狂喜——恰恰相反，出神是一種干擾。我們研習某卷聖經，必須受限於那位作者的寫作目的；要專心聽作者說的——而不是我們要作者說的！我們尋求的是改變生命的真理，而非愉悅的感覺。我們願意抵受枯燥無味的研習日子，直到明白經文的意思。這過程足以革新我們的生命。

使徒彼得論到「我們所親愛的兄弟保羅」的書信「有些難明白的」(彼後三 15、16)。如果連彼得也這樣說，我們不理解某些經文，又有何稀奇呢？因此我們才要用心研習。每日進行靈修式讀經當然是很好的事，但那不是研習聖經。僅僅滿足於祈求「上帝賜我今日所需的隻言片語」，不會產生研習聖經的動力。

一般的成人主日學既側重靈修式讀經，內容也太淺了，難以幫助我們研習聖經(當然會有例外，個別教會可能會提供深入的研經課程)。如果你家附近有神學院或大學提供旁讀或延伸課程，甚或有老師不但授業解惑，而且樂意分享**生命**體會，你就有福了！即或不然，你仍可以開始部署研習聖經(當然，即使你找到了合適的課程，也可以這樣做)。

我自己最獲益的研習經驗，乃是兩至三天的個人退修。你可能覺得這不大可行，因為你太忙了。我只希望你知道，這其實對我也不容易，起碼不比其他人特別容易。我每次的退修，都是極力爭取而得的，在很多個禮拜之前已經定下。我曾經向不同人作出這建議，發現忙碌的專業人士、有固定上班時間的員工、家務數之不盡的家庭主婦等，其實都可以撥時間進行個人退修研習。最困難的不是找時間，而是說服自己這是要事，值得撥時間去做。

聖經告訴我們，彼得叫多加從死裏復活後，「……在約帕一個硝皮匠西門的家裏住了多日」(徒九 43)。就在這期間，聖靈讓彼得看見(藉著異象)他自己的文化與種族偏見。如果彼得沒有在約帕留下，而是四處游走，講述多加蒙醫治的神蹟，其後的歷史會否改寫？彼得會否錯過了聖靈的啟示以及他的領悟——「我真看出上帝是不偏待人。原來，各國中那敬畏主、行義的人都為主所悅納」(徒十 34～35)？沒有人知道。我只知道：上帝讓我們留在一些地方安靜守候，在那裏，祂以特別的方式教導我們。

對許多人來說，週末退修是最佳選擇。有人喜歡平日，也很好。如果只能抽出一天退修，可以選擇主日。

退修在哪裏進行都好，只要不在家中。離家出外不但可以逃離家庭雜務，更可讓自己進入研習的狀態。小旅館或鄉間小屋都可以。露營則不大適宜，因為炊火煮食太花時間精力了。大部分退修營舍都接受個人申請，天主教的退修中心一直以來特別款待個人退修，設備十分完善。

集體退修很少是以研習為主題的，因此你可能要自己設計退修內容。因為是獨自進行，所以要約束自己，善用時間。如果你是新手，謹記過猶不及，切莫累壞自己。隨著經驗加增，一天退修應可有十至十二個鐘頭的研習時間。

研習甚麼呢？這取決於需要。我不知道你的需要是甚麼，但我肯定今日基督徒之一大需要，其實不過就是大量閱讀聖經。許多人平常讀經都是零碎的、無定時的。我遇過一些修讀聖經課程的學生，甚至連修讀的書卷也不曾好好讀一遍。所以我們在退修時，可以選一卷較長的書卷，例如創世記或耶利米書，從頭到尾好好細讀。留意全卷結構與進程以及難解之處，稍後再三細讀。記下感受和想法。有時可以同時研習聖經和靈修經典鉅著，這樣的研習退修，有助改變你的生命。

另一個研習聖經的方式，是選一卷較短的書卷，例如以弗所書或約翰一書，用一個月時間，每天閱讀一遍，如此整卷書的結構會了然於胸。讀的時候毋須有甚麼前設，而要以開放的心態去讀，期待獲得新的眼光。將你的發現記在筆記本上。在這研習的過程中，你必然會有興趣另覓工具書，加深對經文的認識。

除了研習聖經，也不要錯過基督信仰的經典著作。你可以從奧古斯丁的《懺悔錄》(*The Confessions of St. Augustine*)開始，然後是肯培多馬的《效法基督》(*The Imitation of Christ*)，還有勞倫斯弟兄的《與神同在》。想增添一點樂趣，可選讀烏果林弟兄（Brother Ugolino)的《聖方濟各的小花》(*The Little Flowers of St. Francis*)，再來一本較嚴肅的，例如巴斯噶(Blaise Pascal)的《靜思錄》(*Pensées*)。在閱讀加爾文的《基督教要義》(*Institutes of the Christian Religion*)之前，可先賞閱馬丁．路德的《席間閒談》(*Table Talks*)。論到信徒日記經典，既有《喬治．福克斯日誌》(*The Journal of George Fox*)，亦有更著名的《約翰．衛斯理日記》(*The Journal of John Wesley*)。此外有勞威廉(William Law)的《敬虔與聖潔生活的嚴肅呼召》(*A Serious Call to a Devout and

Holy Life），他的話歷久常新，毫無過時之感，值得細讀。二十世紀佳作有凱利的《靈修信約》（*A Testament of Devotion*）、潘霍華的《追隨基督》、魯益師（C. S. Lewis）的《返璞歸真》（*Mere Christianity*）。

當然上述不過是略略舉隅，值得提及的書實在多不勝數，例如茱莉安的《上帝愛的啟示》（*Revelations of Divine Love*），方濟各．沙肋爵的《敬虔生命入門》（*Introduction to the Devout Life*），還有《伍爾曼日記》。再者，我們不應錯過古今中外的偉大著作，其作者都是對人類困境有著非凡洞悉的思想家，譬如中國的老子、波斯的瑣羅亞斯德、莎士比亞、彌爾頓（John Milton）、塞萬提斯（Cervantes）、但丁（Dante）、托爾斯泰、杜斯妥也夫斯基，以至二十世紀的韓馬紹（Dag Hammarskjöld）。

我必須提醒大家：千萬不要因為自己讀書太少而感到汗顏或沮喪。你可能永遠讀不完上述的書，更可能讀過上述沒有提及的書。上述書單不過是九牛一毛，要知道在靈程上可作嚮導的好書實在太多了。在閱讀的路上，前人留下的足印多而又多。謹記操練研習的關鍵，不是讀得多，而是親身體驗所讀的一切。

研習：非言語的「書本」

我們來到最受忽略，卻可能是最重要的研習範疇了：觀察事物、事件、行動中的實相。最淺顯的觀察起點是大自然。要從受造世界看出它要教導我們的道理，其實不是難事。

以賽亞告訴我們：「……大山小山必在你們面前發聲歌唱；

田野的樹木也都拍掌」(賽五十五 12)。創造主所創造的一切，向我們說話，教導我們——只要我們願意聆聽。馬丁·布伯(Martin Buber)講過一個故事：一個猶太拉比每天大清早都去一個池塘邊學習「青蛙讚美上帝的頌歌」。[1]

我們研習大自然的第一步，是留神專注，譬如**看**花**看**鳥，我們要懷著禱告的心細意觀察。紀德(André Gide)憶述在學時曾在教室聽課時細看一隻飛蛾破繭而出，那蛻變新生的過程，讓他滿心盡是訝異、喜悅、敬畏之情，因此不能自已地將這事告訴教授。不料教授冷冷地說：「嘿！你以前不知道蝴蝶是破繭而出的嗎？每隻蝴蝶都是破繭而出的，這是再自然不過的事吶！」其後，被潑冷水的紀德悻悻然記道：「**自然**生物常識，我當然是有的，甚至比他有的更多……但因為這是自然而然的事，他就不能為之讚歎嗎？這可憐的傢伙！從那天開始，我就很不喜歡他，也厭惡上他的課了。」[2] 誰沒有同感呢？紀德的教授只懂得積累知識，卻不懂得研習之道。所以說，研習大自然的第一步，是懷著敬畏之情去觀察。小小的一片樹葉，也可透露創造的秩序與多變、複雜與均稱。恩德曉寫道：「要聚精會神，這是一切省思的宏旨。然後……懷著確切的愛心，迎向身邊萬千氣象中的某一事物……默觀的對象不是重點所在——從高山到小蟲，任何一物都可以是默觀的對象，只要你的態度正確。」[3]

下一步是與受造物為友——不論是花、樹，還是爬行的小動物。要效法童話人物怪醫杜立德(Dr. Dolittle)跟動物交談。當然，你不能真的跟動物交談……還是你能夠？世上有一種溝通，是超越言語的。許多時候，動物似乎對我們的友情和憐憫有所感應——對此我有親身體驗，有些卓越科學家也有親身體驗。傳說中聖方濟各馴服古比奧的惡狼、教化麻雀的故事，也許未必是虛構的。無論如何，我們可以肯定一事：如果我們愛受造物，必能從中有所學習。杜斯妥也夫斯基在《卡拉馬佐夫兄弟》中有這麼一段話：「你要愛一切上帝所造之物，包括每顆砂粒。要愛每片葉子，愛上帝的每道光線。要愛動物，愛植物，愛萬物。能夠愛萬物，就能夠在萬物中感悟上帝的奧祕；當你能夠感悟上帝的奧祕，就能日復日益加理解上帝的奧祕。」[4]

除了大自然可供研習，我們應該研習的「書本」還有許多。譬如說，只要好好觀察人際關係的互動，就有不下於修讀研究院的獲益了。例如，我們可留心自己的言論如何經常為自己的行動背書。單單行動，毫不多言——怎麼總是難似登天？我們總要多多解釋，多多原因，多多道理，表明自己行事光明磊落！為甚麼總是禁不住要向人澄清？豈非出於驕傲與恐懼？因為名聲攸關！

這傾向尤其見於營業員、作家、傳道人、教師，就是那些靠說話撰文為生的人。如果我們以自己為研習對象，就會脱離狂傲。漸漸地，我們難以再像那個法利賽人那樣禱告：「上帝啊，我感謝你，我不像別人⋯⋯」（路十八 11）。

我們要留心日常生活中的人際關係：家庭、工作、學校，留意那些控制人的事物。謹記我們不是要譴責人或定人的罪，而是要有所學習。如果心中出現論斷人的傾向，就要有所警誡——這也是一種學習。

正如我所指出的，其中一個主要研習對象，就是自己。我們要知道有甚麼事物控制**自己**，要觀察自己心中的感受、情緒的變化。控制自己情緒的是甚麼？為甚麼我們會喜歡一些人，不喜歡另一些人？這些答案對自我認識有何幫助？*

我們的目標，並非要成為業餘心理學家或社會學家。我們也不是著迷於過度的自我省察。我們研習這些事，必須心存謙卑，更需要滿滿的恩典。我們追求的無非是蘇格拉底的格言：「要認識自己。」靠著聖靈，我們期待耶穌做我們永活永在的師傅。

研習社會制度和文化，並其背後的塑造力量，也對我們有益。我們要思索世局時事，懷著明辨的心，留意世人眼中的「重大事件」。要細察文化的價值——不要人云亦云，而要慎思明辨，是其是，非其非。

我們要學會提問。科技發達的社會，有甚麼利弊？快餐業對家庭的聚餐傳統有何影響？為何今日在我們的文化中，與人建立關係那麼困難？西方社會的個人主義，有益還是有害？今日社會文化與福音有何相合及相違之處？今日基督徒先知其中一樣最重要的作用，就是指出社會文化的各種力量所帶來的影響，並能作出價值判斷。

研習帶來喜樂。我們作為新手，身處起點，難免覺得左支

---

* 這些探究適用於比較成熟而且心理狀態良好的人，不適用於抑鬱的或肩負生活重擔的人——對他們來說，這些問題太令人消沉、自棄了。如果你覺得這種研習自己的操練太沉重了，就千萬不要勉強。不過盼望仍在，你也有可做之事——請參看本書講論「認罪」和「指引」的篇章。

右絀！但隨著我們愈來愈熟練，我們的喜樂也會加增。蒲柏（Alexander Pope）說得好：「只要略加實踐，所有研習都會帶來喜悅。」[5] 研習的確值得我們下最大的苦功。

第二部

外在的靈命操練

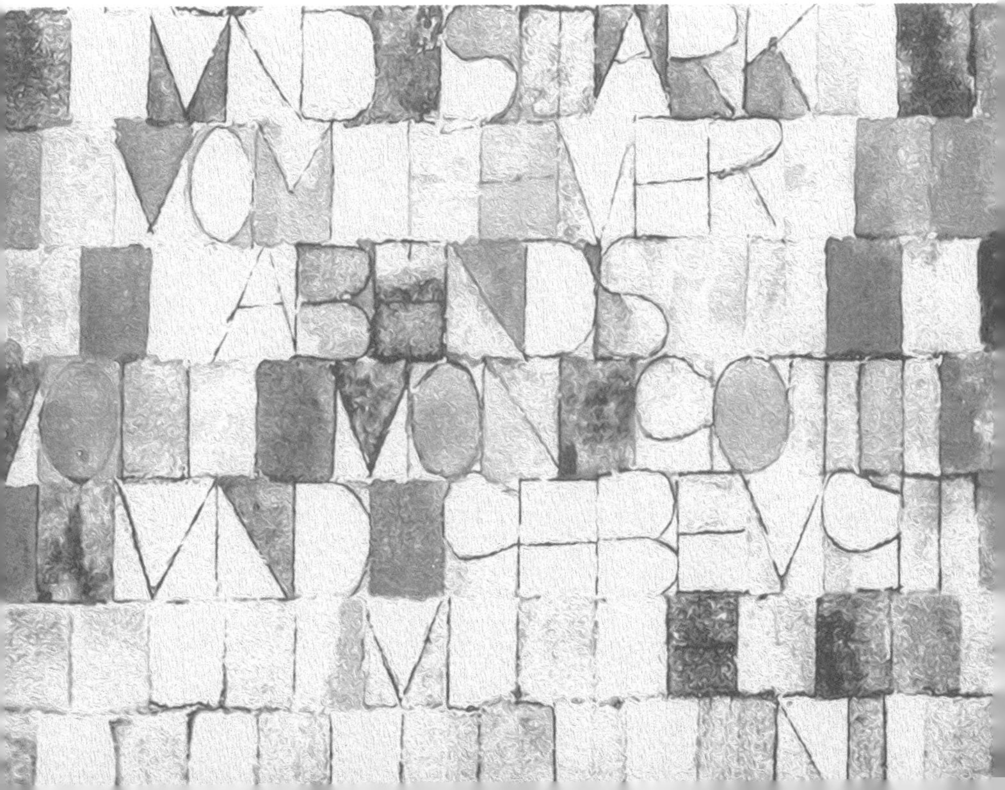

6
簡樸

當真正到達內心簡樸的境地，我們整個人會顯得更坦率、更自然。這是真正的簡樸……只要持續以近乎純全的眼光看待它，就會覺察到一種魅力，蘊含著開放、溫柔、純真、喜悅、平靜。樂哉，這種簡樸何等可喜！誰可以賜予我呢？我願意捨下一切，為要獲得這種簡樸——它是福音的至寶。

芬乃倫（François Fénelon）

簡樸是自由，紛繁是奴役。簡樸帶來喜樂與均衡，紛繁帶來焦慮與恐懼。傳道書作者說：「上帝造人原是正直，但他們尋出許多巧計」（傳七 29；譯註：「正直」有「簡單」之意，「巧」有「紛繁」之意，參天主教聖經譯本《牧靈聖經》）。藉著簡樸，上帝使人得釋放——我們體驗過這自由的人，不禁唱出一首古老的詩歌：

能夠簡單，是恩賜，
能夠自由，是恩賜，
能降卑到應處的位分，是恩賜。
當我們身處合宜之處，
那就是愛與喜悅的樂土。

當我們達至真簡樸，
或俯伏或鞠躬，都不至於羞愧。
能回轉，回轉——是我們的喜悅，
回轉，回轉到——應該走的方向。

基督徒操練的簡樸，是一種**內在的**實質，它塑造**外在的**生活方式。外在的簡樸，內在的簡樸，二者同樣重要。如果自稱內心改變，但是生活方式依然故我，就是欺哄自己了。然而，如果只有外在的簡樸生活方式，內心絲毫不變，亦不過徒具形式，走向致命的律法主義而已。

簡樸始於內在的聚焦與統一，它意味著以凱利所言的「上帝中心」為主導過活。關於基督教簡樸觀的精義，祁克果其中一本著作的書名可謂言簡意賅：《清心志於一事》（*Purity of Heart Is to Will One Thing*）。

若能體驗內在的實質，就能獲得自由——有諸內，形諸外。言語變得可信而坦誠了。對名譽地位的慾望消失了，因為不再需要名譽地位。一切炫耀與奢華都消失了，不是因為負擔不起，而是原則所致。我們擁有的物質，可以與人分享。理察．布特（Richard E. Byrd）的話，成了我們的心聲——他曾在北極荒野獨處多月，在日記中寫道：「我學會了⋯⋯人不需要很多東西，也能夠活得很好。」[1]

當代文化既欠缺簡樸的內在實質，也欠缺簡樸的外在生活方式。我們既然身處現代社會，自然落入當中的破碎與割裂狀況。

眼下是一個迷宮，來自四面八方的拉力，令人進退維谷。此一刻我們按理性做決定，下一刻的決定卻是基於恐懼——對別人如何看待我們心生恐懼。我們的生命欠缺聚焦與統一。

既然生活沒有以「上帝中心」為主導，我們對安全感的需要就會驅使我們瘋狂地依附物質。我們必須明白，當代社會的人對財富的渴求，其實是病態的，因為這種渴求完全脫離了實質需要。我們貪求的東西，根本是不需要甚或不喜歡的。「我們買不想要的東西，取悅我們不喜歡的人。」[2] 所謂「過時」不是客觀的，而是主觀的、人為的。如果把衣服穿到不能再修補為止，把汽車開到不能再修理為止，我們會感到羞恥！傳媒已經說服我們：穿衣不合潮流，等於做人脫離現實！我們是時候清醒過來了！要認清一個事實：聽命於病態的社會，結果就是生病。除非我們看得穿今日社會文化失衡之處，不然我們沒有能力抗衡心中的瑪門權勢，更遑論追求基督徒應有的簡樸。

這種病態甚至滲進了我們的神話中。現代英雄英雌，是矢志成為富人的窮家子女，而不是主動成為窮人的富家子女！我們把貪心改稱為雄心，把囤積改稱為審慎，把貪婪改稱為勤奮。

再者，現代的反主流文化，其實也好不了多少，它不過觸及生活方式的表面改變，卻沒有認真面對消費社會的根本問題。反主流文化總是欠缺一個積極的中心，因此遲早會淪為微枝末節。基殊（Arthur Gish）說：「大體而言，反主流文化是古老的病態社會眾多醜態的鏡像。革命不等於濫藥、自由性愛、隨意墮胎……披著自由主義外衣的情色、施虐受虐的元素、含性別歧視的廣告，這些充斥著地下報刊的東西，根本是舊世界的病態、死亡的化身。」[3]

我們要勇於建構全新的、符合人性的生活方式。我們要力拒現代社會的病態思想——以生產量值或賺錢能力去衡量一個人。我們要勇於嘗試新的另類生活方式，抗衡現今滅絕人性的體系。操練簡樸，不是重尋失落了的美夢，而是重現歷史上從未消失的異象。這異象今日可以重現，也必須盡快重現。

聖經與簡樸

在建構基督徒的簡樸觀之前，必須摒棄一個普遍想法，就是以為聖經對經濟議題立場曖昧。很多人以為我們對財富的態度，只是個人選擇而已，他們宣稱聖經在這方面的教導，完全任由個人詮釋。他們企圖說服自己：耶穌對實際的經濟議題，根本沒有清晰立場。

然而只要認真研讀聖經，就可知道上述說法站不住腳。聖經中的訓誡禁止奴役窮人、積累財富，這是再清楚不過的明令。當代社會的經濟價值，幾乎全都備受聖經質責。舉例說，舊約宣稱私人對財產沒有絕對擁有權，這與世人的普遍想法相違。聖經指出全地都是上帝的，因此人並不擁有土地（利二十五23）。舊約中有關禧年的律法，申明所有土地須在禧年歸還原主。事實上，聖經宣告一切財富屬於上帝，設立禧年的其中一個目的，就是定期重新分配財富。如此前衛的經濟觀，與當代所有觀念與實踐大相徑庭！假若以色列信守禧年的律法，就根本不會有貧者愈貧、富者愈富的老問題。

聖經一貫鞭撻那轄制人心的力量，其一是貪戀財富。詩人提醒我們：「……若財寶加增，不要放在心上」(詩六十二 10)。十誡中第十條是「不可貪戀」。貪戀是內在的私慾，想獲取別人的東西，因此生出偷盜與壓迫的心思。箴言的智者說得好：「倚仗自己財物的，必跌倒……」(箴十一 28)。

耶穌向祂當代的物質主義宣戰(我認為祂也向我們這時代的物質主義宣戰)。「財富」的亞蘭文是「瑪門」，耶穌譴責它為偶像：「一個僕人不能事奉兩個主；不是惡這個愛那個，就是重這個輕那個。你們不能又事奉上帝，又事奉瑪門」(路十六 13)。耶穌就經濟議題的教訓其實不少，而且立場毫不含糊，例如：「你們貧窮的人有福了！因為上帝的國是你們的」、「你們富足的人有禍了！因為你們受過你們的安慰」(路六 20、24)。耶穌繪影繪聲地描述有錢人進天國的艱難：就像駱駝要穿過針眼——當然，在上帝萬事都能，但耶穌深明箇中艱難。耶穌知道財富對人的轄制，所以說：「你的財寶在哪裏，你的心也在那裏」，亦因此吩咐門徒：「不要為自己積攢財寶在地上……」(太六 21、19)。耶穌不是在評論人的心應否放在財寶上，祂不過道出一個再明顯不過的事實：你找到某人財寶的所在，也**就**找到那人心的所在。

耶穌勸誡一個年輕富有的官，不但要有捨棄財產的內在態度，更要有散盡家財的外在行動——如果他是真心想進上帝的國(太十九 16～22)。耶穌說：「你們要謹慎自守，免去一切的貪心，因為人的生命不在乎家道豐富」(路十二 15)。耶穌對尋求上帝的人說：「你們要變賣所有的賙濟人，為自己預備永不壞的錢囊，用不盡的財寶在天上……」（路十二33）。耶穌說了一個農莊財主的比喻，這人一生都在囤積——我們或會稱之為審慎，耶穌卻稱他為無知的人（路十二16～21）。耶穌又說，如果我們真的想進上帝的國，就要像尋找好珠子的商人，既找到了，就願意變賣所有，為要得到它（太十三45、46）。耶穌呼召所有門徒輕看財產，心無掛慮，過喜樂的生活：「凡求你的，就給他。有人奪你的東西去，不用再要回來」（路六30）。

耶穌論及經濟議題，比任何其他社會議題都多。想想看：在一個相對來說比較簡樸的社會，主耶穌尚且那樣強調財富的屬靈隱患；在今日這個如此富裕的社會，面對經濟議題，我們豈不必須倍加留神？

新約書信也關注經濟議題。保羅說：「那些想要發財的人，就陷在迷惑、落在網羅和許多無知有害的私慾裏，叫人沉在敗壞和滅亡中」（提前六9）。作監督的必須「不貪財」（提前三3）。作執事的必須「不貪不義之財」（提前三8）。希伯來書作者也說：「你們存心不可貪愛錢財，要以自己所有的為足；因為主曾說：『我總不撇下你，也不丟棄你』」（來十三5）。雅各將殺害與爭戰歸咎於貪財：「……你們貪戀，還是得不著；你們殺害嫉妒，又鬥毆爭戰，也不能得……」（雅四1、2）。保羅說「貪心」等於「拜偶像」，又吩咐教會嚴懲貪婪的人（弗五5；林前五11）——保羅將「貪婪的」與「行淫亂的」、「勒索的」並列，並宣稱行這些事的人不能承受上帝的國。保羅勸有錢人不要信靠自己的財富，倒要信靠上帝，還要有慷慨的心，願意與人分享（提前六 17～19）。

話雖如此，我必須補充：上帝願意人人衣食無缺。在物質中尋找生活意義是不幸的，但生活中若欠缺物質，同樣是不幸的。令人落入貧窮是惡事，必須予以譴責。聖經從不倡議極端的苦行主義。聖經的說法一貫清楚：受造物是好的，人人可以樂享。苦行主義在欠缺聖經理據的情況下，強行將屬靈世界定性為善，將物質世界定性為惡，以至極力蔑視物質的存在，企圖因此獲得救贖。

苦行與簡樸，是風馬牛不相及的事。雖然二者在實行時偶爾有表面相似之處，但實際上乃差天共地。苦行摒棄財產，簡樸以正確的觀點看待財產；苦行容不下「流奶與蜜之地」，簡樸為上帝恩賜的供應歡呼稱慶；苦行只在匱乏中感到滿足，簡樸不論在匱乏還是豐裕中，皆可知足（腓四 12）。

惟獨簡樸足以重整我們的生命，使我們善用財產，不致受制。除非懂得簡樸，不然必受制於現今邪惡世代的「瑪門」權勢，或落入不合基督信仰之律法主義式的苦行。二者結果都是偶像崇拜，都是靈性的死路。

聖經滿載上帝賜予祂子民豐足供應的描述。「因為耶和華你上帝領你進入美地……你在那地不缺食物，一無所缺」（申八 7～9）。聖經中也有很多警告，提及誤解、濫用上帝供應的危機。「恐怕你心裏說：『這貨財是我力量、我能力得來的』」（申八 17）。

簡樸這靈命操練為我們提供全新的視角。簡樸釋放我們，令我們得以領受上帝的供應，不以恩賜為己私有，而是樂意與人分享。我們一旦明白了聖經的立場，就是其對物質主義及苦行主義同樣猛烈抨擊，就可以開始建構基督徒的簡樸觀。

立足點

阿基米德（Archimedes）曾說：「給我一個立足點，我可以移動世界。」對任何靈命操練來說，立足點都很重要，但操練簡樸尤其如是。在所有靈命操練中，操練簡樸是最顯眼的，因此亦最容易受損變質。大多數基督徒根本不曾在操練簡樸這事上傷過腦筋，因為根本對耶穌在這方面的教訓視若無睹，理由顯而易見：這操練直接影響我們既有的富裕生活方式！另一方面，若是認真面對聖經在這方面的教導，又很容易落入律法主義的試探。譬如說，有人嘗試致力遵守耶穌的教訓，卻很容易因此將自己對那些教訓的理解與實踐，化為教訓的一部分——我們穿某類服飾或買某類房子，就以自己的選擇為簡樸生活的典範。因此，為簡樸尋找並闡明一個立足點，至關重要。

猶幸我們可以在耶穌的話中找到這個立足點：「所以我告訴你們，不要為生命憂慮吃甚麼，喝甚麼；為身體憂慮穿甚麼。生命不勝於飲食嗎？身體不勝於衣裳嗎？你們看那天上的飛鳥，也不種，也不收，也不積蓄在倉裏，你們的天父尚且養活牠。你們不比飛鳥貴重得多嗎？你們哪一個能用思慮使壽數多加一刻呢？何必為衣裳憂慮呢？你想野地裏的百合花怎麼長起來；它也不勞苦，也不紡線。然而我告訴你們，就是所羅門極榮華的時候，他所穿戴的，還不如這花一朵呢！你們這小信的人哪！野地裏的草今天還在，明天就丟在爐裏，上帝還給它這樣的妝飾，何況你們呢！所以，不要憂慮說，吃甚麼？喝甚麼？穿甚麼？這都是外邦人所求的。你們需用的這一切東西，你們的天父是知道的。**你們要先求他的國和他的義，這些東西都要加給你們了**」（太六25～33；粗體為引者所加）。

操練簡樸的立足點，是**先**求上帝的國、上帝的義，其餘的事就會各就各位。耶穌這說法太重要了，一切關乎以這**首要的**事為首：任何事都不可以優先於上帝的國——包括對簡樸生活的追求。

當追求簡樸先於求上帝的國，簡樸生活就成了偶像崇拜。祁克果曾經為上述經文作出特別精闢的註釋，論到人應該如何致力追求上帝的國。應該找一個合宜的工作崗位，發揮道德影響力嗎？祁克果的答案是：不！我們必須**先**求上帝的國。應該散盡家財，賙濟窮人嗎？他的答案同樣是：不！我們必須**先**求上帝的國。應該四出向世人傳揚「要先求上帝的國」這道理嗎？答案又是：不！我們必須**先**求上帝的國。祁克果的結論是：「因此，從某種意義上來說，我應該甚麼也不要做！對啊，從某種意義上來說，甚麼也不要做，也不要成為甚麼，只要在上帝跟前學習靜默，這靜默是起點——**先**求上帝的國。」[4]

聚焦在天國，內心才會充實；內心若不充實，操練就會淪為律法主義式的瑣碎較量。天國是惟一的立足點。逃離營營役役的生活、將世界的財富再分配、關注生態環境，這些都不能成為立足點。不論在個人還是社會而言，操練簡樸的立足點只有一個：

先求上帝的國、上帝的義。

不先求上帝的國者，根本不是在求上帝的國。他們的追求也許值得敬佩，但**這些追求**只要成為焦點，就會變為偶像。當我們聚焦在這些追求上，就會無可避免地宣稱自己某些做法，**等於**基督徒應過的簡樸生活。事實是，只要上帝的國居於首位，生態問題、關愛窮人、公平分配財富等議題，都會獲得恰當的關注。

耶穌的信息再明確不過：不再憂慮，這是先求上帝的國其中一個明證。簡樸的那種內在實質，只屬於那些能夠輕看財產的喜樂生命。貪婪的、吝嗇的，都未嘗過這種自由。這種自由與擁有財產多寡無關，它關乎內心對上帝信靠與否。某人家徒四壁，亦不確保他生活簡樸！保羅教導我們，貪財是萬惡之根，按我實際觀察，很多時候擁有最少財富的是最貪財的！有些人看起來努力操練簡樸生活，但內心充滿憂慮。另一方面，當然財富也不一定能消除人的憂慮。祁克果說：「財富與豐足就像披著羊皮的狼，假裝使人無憂無慮，然而它們正是憂慮的緣由……人嘗試用財富與豐足驅趕憂慮，就像用狼守護綿羊一樣……不過是以狼驅狼而已。」[5]

不再憂慮的先決條件，是持守三個內心態度。其一，我們所有的，都是恩賜；其二，我們所有的，上帝會保守；其三，我們所有的，可以與別人分享。有了這三個態度，我們就能免於憂慮。**這就是簡樸的內在實質**。相反，如果我們認為自己所有的，是自己爭取而得的，是必須親自持守的，是不可與別人分享的，我們就一定會活在憂慮中；這樣我們永難明白簡樸的真義——不論如何努力，甚至自以為過著「簡樸生活」。

簡樸的第一個內心態度，是將領受到的一切，都看作從上帝而來的恩賜。我們做工，但心裏明白，我們所有的，並非從做工而得，就連「日用的飲食」，其實也是靠著上帝的恩典而得。最簡單的維持生命的要素——空氣、清水、陽光，我們都是仰賴上帝供應。我們所得的，不是做工的工價，而是上帝的恩惠照管。你以為所有成果都是自己努力得來的嗎？只要一次小小天災，或一次輕微意外，就會發現自己在萬事上，其實何等仰賴上帝照管。

簡樸的第二個內心態度，出於一個醒覺：能夠保守所有的，是上帝，不是我們自己。上帝有能力保守我們的財產，我們可以信靠祂。這不是說我們可以將鑰匙留在車裏，或者不用鎖好家門，當然不是！但我們知道保護家居的，不是門鎖——小心門戶是常識，但如果你以為只要謹慎，就能保證家居安全穩妥，你就必然滿心憂慮！簡言之，世上根本就沒有能絕對杜絕竊賊的保安措施。當然，我們要保守的不僅是財產，還有聲譽、工作等。簡樸是一種自由，源於信靠上帝會保守一切。

簡樸的第三個內心態度，是樂意與人分享所有。如果我們所有的，明明來自正途，卻不願意把它們與眾同享，那就無異於偷東西！如果我們難以接受這說法，那麼我們的心態正好反映我們擔憂未來。我們緊抓財產不放，不願與人分享，皆因我們為明天憂慮。如果真心相信上帝是耶穌所說的上帝，就不需要害怕將來。如果上帝是全能的創造主，**又是**愛我們的天父，我們就會與人分享所有，因為我們知道上帝會照管我們。如果看見他人有缺乏，我們應該伸出援手。當然你必須幫得有智慧，要為分享定出界線，不要魯莽度日。

如果我們先求上帝的國，上述三個內心態度，就會出現在生命裏。三個態度加起來，就成了耶穌說的「不要憂慮」，也就是基督徒簡樸生命的內在實質。當我們能夠過這樣的簡樸生活，耶穌所說的「這些東西」——維持生命所需的條件——就一定會加給我們了。

簡樸的外在表現

覺得簡樸不過是一種內在實質，這想法顯然有所虧缺。內在實質若無外在表現，那就僅僅是鏡花水月。要經歷從簡樸而來的釋放，**就要**改變生活方式。如前所述，任何關乎簡樸的實踐，總有陷入律法主義的隱患。但我們仍然必須冒險，因為罔顧具體踐行，靈命操練就是紙上談兵。事實上，所有聖經作者都曾冒那樣的險，* 因此我也效法他們，提出十個關乎外在表現的簡樸原則——這些不是律法，而不過是在今日世界操練簡樸生活的實踐指引。

其一，買東西是為實用，而非為炫耀。買汽車是為了載人，不是為了炫富。會否考慮以腳踏車代步？若要購置物業，首要考

* 可惜的是，許多時候聖經作者在某個社會文化中踐行簡樸生活的做法，卻被後世信徒奉為通則，淪為令人窒息的僵化律法。譬如說，有些信徒羣體禁止基督徒辮頭髮、戴金飾，只因彼得對他當代的信徒說：「你們不要以外面的辮頭髮，戴金飾，穿美衣為妝飾……」（彼前三 3）。

慮是住屋需要，而非能否得到別人羨慕的眼光。住屋面積足夠就好，切莫過度；譬如說，兩口子真的需要幾個睡房嗎？

檢視你的衣服。大多數人根本不需要再買衣服，他們買衣服不是出於需要，而是想緊貼時尚。算了吧！有需要才買。把衣服穿到破為止吧。別再用時裝吸引人了，用你的人生吸引人吧！若是可行，何不學習縫製衣服？為了上帝的緣故，穿實用的衣服，而非裝飾性強的衣服。約翰 · 衛斯理說：「論到服飾，我會盡量買最耐穿的、最平實的。家具嘛，我只買必需的、廉價的。」[6]

其二，棄絕任何令你上癮的東西。學會分辨真正的心理需要（例如寫意的環境）與沉溺。戒除或少喝那些令人上癮、沒有營養的飲料：酒、咖啡、茶、可樂等。巧克力是許多人戒不掉的食品！電視令你上癮嗎？賣掉它或送走它。有沒有媒體令你上癮，欲罷不能？收音機？音響組合？雜誌？影片？報紙？書本？扔掉它！金錢俘擄你的心？捐獻吧，你會獲得釋放。簡樸是自由，不是奴役。不要成為任何對象——除了上帝——的奴隸。

記住，沉溺的本意就是失去自制。單憑意志戒除沉溺，是徒勞的。你無法釋放自己，但可以向上帝敞開心扉，讓祂的赦罪大恩與醫治大能臨到你的生命；你可以尋找懂得禱告的摯友與你站在同一陣線；你可以單純地每天默然仰賴上帝介入。

怎麼知道自己上癮了？很簡單，看看自己有沒有不受控的衝動。我一個學生告訴我，有一天早上，他到大門外拿報紙，卻不見報紙，立時恐慌不已，覺得沒有報紙很不自在！忽然他瞥見鄰居門前有份報紙，心中竟然盤算怎樣偷走它！這時候他醒悟過來：自己已經對閱報上癮了！於是他跑回家，打電話給報社客戶部取消訂閱。接聽電話的職員循例詢問取消訂閱的原因，他脫口而出：「因為我上癮了！」報社職員鍥而不捨地問：「請問你想取消所有訂閱，還是想只保留星期日的訂閱呢？」他毫不猶豫地答道：「我要取消所有訂閱，我要斷癮！」當然我不是要大家都不再訂閱報紙，但對那個年輕人來說，那是重要的事。

其三，培養送東西給人的習慣。若發現自己的物慾愈來愈強，何不考慮將一些財物轉贈給有需要的人？記得某年聖誕節，我決定不買，也不為自己預備禮物，反而將我頗珍視的一樣物件送人。我這樣做是為了自己：我想從這小小的克己行動，獲得一點釋放。那物件是我頗鍾愛的腳踏車。我親自將腳踏車送去那人家中，沿途哼著一首詩歌，歌詞有了全新的意義：「白白地、白白地得來；白白地、白白地付出」。其後我六歲的兒子聽聞一個同學需要午餐盒，於是跑來問我可否將他自己的轉送給同學。讚美主，哈利路亞！

不要積存東西！不需要的東西太多，只會令生活變得麻煩——要分類、貯存、清潔、再分類、再貯存……不勝其煩！對本書大多數讀者來說，可以送走家中一半東西而不痛不癢！梭羅（Henry David Thoreau）的名言是很好的提醒：「簡樸一點，簡樸一點。」

其四，堅拒時尚玩意廣告的誘惑。所謂節省時間的工具，幾乎都不會幫你節省時間。小心那些空頭支票：「用它六個月，就歸本了！」大多數玩意都不耐用持久，只會為生活添煩添亂，而不是令人安寢無憂。時下玩具就是顯例。孩童實在不需要那些懂得哭號、飲食、排泄、流汗的洋娃娃——傳統布娃娃已經很好玩，而且可以玩好久。古老的扮家家酒，真的不及最新的太空站玩具組合好玩嗎？要選擇有教育意義的、耐用的玩具。何不試試自己動手做？

各類小器械也是浪費能源的元兇之一。以美國為例，人口佔世界不足 6%，使用的能源卻佔世界 33%。全美國僅僅冷氣機能源消耗量，已等於全中國所有能源消耗量（譯註：一九七〇年代的數據）。[7] 就算只關注環保責任，也應該盡量少買小器械。

市場推廣員會哄我們說，這個或那個新型號，擁有這樣或那樣的新功能（新裝飾？），所以要拋棄舊的，選購新的！新型縫紉機有新的綉花圖案，新型音響器材有新的按鈕，新型房車是新設計的……我們要小心察驗這些廣告用詞。許多時候「新的」功能，都是不必要的功能！新型冰箱無疑有自動製冰功能，冰箱門也是新設計的，但你的舊冰箱可能已經夠好，可供你餘生使用。

其五，享受某東西，不一定要擁有那東西。擁有是我們文化的一種偏執：擁有，就等於控制；控制，就可以使我快樂。這是一種幻覺！生命中很多事物，你根本毋須擁有或控制，也可以好好享受。與人分享吧！要享受在沙灘玩耍的樂趣，毋須買下一個沙灘！公園和公立圖書館，都是可以享樂的地方。

其六，學習用心欣賞大自然。多親近大地。多走路。聆聽雀鳥的叫聲。欣賞青草樹葉之美、花朵之香。享受身邊的五光十色。簡樸就是重新發現「地和其中所充滿的……都屬耶和華」（詩二十四 1)。

其七，對所有「先享用後付款」計劃保持戒心。這些銷售計劃是陷阱，令人受轄制。無論是舊約還是新約聖經，都不支持放債取利(注意，聖經提及的「放債」不是指收取高利息，而是指收取任何利息)。收取利息被視為趁火打劫，乘機剝削身陷財困的弟兄，罔顧社羣精神。耶穌亦視放債取利為舊我生命的標記，因此勸門徒「……要借給人不指望償還」(路六 35)。

不過我們不應將這些經文奉為通則，加諸所有文化、所有時代。但我們也不能視之為全然不合乎現代社會情況，畢竟在這些聖經訓誡背後，累積了歷世歷代的智慧(與慘痛經驗)。面對借貸的事，除了簡樸，我們還要審慎，這事是我們必須慎重處理的。

其八，遵行耶穌關乎言說的吩咐:「你們的話，是，就說是；不是，就說不是；若再多說就是出於那惡者」(太五 37)。答應了的事就必須做到。禁戒浮誇或半真半假的話。說話的風格要誠實、可靠。避免使用術語及抽象字詞——人們往往把它們用來嚇唬、迷惑他人，而不是為了闡述論點、開導他人。

說一不二是難的，因為我們很少過著以上帝為軸心的生活，很少按著屬天的感動行事。很多時候，決定我們說「是」或「不是」的，不是上帝的感動，而是世人的情面，或其他諸般動機——然後當一個誘人機會出現，我們又馬上推翻已作的決定！如果我們說話是憑著上帝的感動，就不會把「是」說成「非」，把「非」說成「是」。我們在言說時也會恪守簡樸之道，因為所說的話只出於一個源頭，就是上帝。祁克果說得好：「如果絕對順服上帝，心中就不會有半點猶豫……你在上帝跟前，是簡單直接的……有一樣東西，是撒但盡用詭計或試探陷阱，都不能奪去的，就是簡樸。」[8]

其九，要抵制任何涉及剝削、壓迫他人的貨品。在這方面，也許十八世紀公誼會信徒、裁縫伍爾曼的踐行無人可比。著名的《伍爾曼日記》中，有很多細節顯示他一生不為虛名或取悅別人。「我蒙上帝帶領，要認真檢視自己是否遠避一切與戰爭相關或挑動戰爭的東西……我心裏盤算一件事：在未來的日子，凡事都要恪守純全的真理，坦坦蕩蕩，不折不扣，在處世為人各方面，都要做個忠信的基督徒……因此，奢侈與貪婪以及伴隨而至的諸般壓迫與惡行，是我深惡痛絕之事……」[9] 這是一個棘手且敏感的課題，但我們不能逃避。我們喝的咖啡、吃的香蕉，是否涉及對拉丁美洲農民的剝削？在一個資源有限的世界，我們對財富的貪求，會否招致他人的貧困？有些產品生產線強迫工人幹最磨人的活，我們應否抵制這些產品？我們是否在享受公司或工廠的層級結構中，自己作為在上位者的優越感？我們會否將某些自己不屑做的工作推給子女或配偶，在無形中欺壓他們？

許多壓迫都帶著種族主義、性別主義、國族主義色彩。膚色會影響公司員工的升遷。應徵者的性別會影響其薪酬待遇。某人的國籍會影響別人對他的觀感。惟願上帝賜下這個世代的先知，正如昔日的伍爾曼，呼召我們「拒絕財富的誘惑」，好讓我們「折斷壓迫的重軛」。[10]

其十，不可容讓任何事妨礙你「先求上帝的國」。在追求合宜且美好的事物之時，我們很容易會失去焦點。工作、地位、名聲、家庭、朋友、安穩⋯⋯諸如此類之事，很容易變成人生的最大關注。喬治．福克斯警誡我們：「在你面前有危險和試探，就是叫你的心思都放在私務上，難以自拔，以至難以參與任何有關上帝的服事⋯⋯你的心思都陷入世事中，難以逃離⋯⋯然後，假如主上帝抵擋你，以千山萬水攔阻你，取去你的貨財，要使你的心思輕省，你不要煩躁不已；因為當那被纏累的心煩躁不已，便即失卻上帝的能力。」[11]

惟願上帝賜你我勇氣、智慧、力量，常以上帝的國為人生首務。能夠這樣，就是在過簡樸生活。[*]

---

* 想深究基督教簡樸觀，可參看拙作 Richard Foster, *Freedom of Simplicity* (San Francisco: Harper & Row, 1981)。

7

獨處

在獨處中安靜下來，你會在心中進到祂跟前。

大德蘭

耶穌呼召我們遠離孤單，進入獨處。無疑，被遺棄的恐懼令人不寒而慄。新搬進社區的小孩向母親哭訴：「沒有人跟我玩。」大學新生緬懷中學歲月——昔日的核心人物，「如今誰也不認識！」公司經理位高權重，卻獨坐辦公室垂頭喪氣。老婦躺在安老院牀上，等著回「天家」。

對孤單的恐懼，使人走向噪音與羣眾。就算內容無理無聊，我們的嘴巴還是說個不停。我們隨身帶著收音機，耳朵塞著耳機，就算四野無人，也不致落入寂靜中。艾略特（T. S. Eliot）的話刺中今日文化的要害：「我們在何處尋獲世界？話語在何處反響？不在這裏——這裏不夠安靜。」[1]

然而，在孤單與噪聒之外，我們還有別的選擇。我們可以培養內在的獨處和守靜，為要拯救自己脫離孤單與恐懼。孤單時我們感受到內在的空洞，獨處時我們感受到內在的滿足。

獨處關乎某種心境，多於關乎某個地方。心的獨處，是時時刻刻都可以維持的。不論有沒有羣眾，都不影響內在的心境。沙漠中的隱士，有可能依舊經驗不到獨處。你若能經驗內在的獨處，就不會害怕獨自一人，因為知道自己並不孤單。同時，我們也不怕與人相處，因為別人不能控制我們。身處噪音與混亂中，我們仍可擁有深沉內在的安靜。無論是孤身一人，還是身在人羣之中，我們心中總有個聖所，伴著我們同行。

內在的獨處，有外在的彰顯。孤身一人是自願的，並非為了逃避人羣，而是為了聽清楚上帝的微聲。耶穌常經驗內在的獨處，但祂也常體驗外在的獨處。祂在公開事奉之先，獨自在曠野過了四十天（太四 1～11）。祂在揀選十二使徒之前，獨自在曠野的山間過了一晚（路六 12）。祂聽到施洗約翰的死訊，「就上船從那裏獨自退到野地裏去」（太十四 13）。祂行了餵飽五千人的神蹟，「就獨自上山去禱告」（太十四 23）。經過一整晚的工作，「次日早晨，天未亮的時候，耶穌起來，到曠野地方去，在那裏禱告」（可一 35）。十二使徒奉派出去傳道治病回來，耶穌對他們說：「你們來，同我暗暗地到曠野地方去歇一歇」（可六 31）。耶穌醫治了一個大痲瘋病人後，「退到曠野去禱告」（路五 16）。祂曾帶著三個門徒上到一座高山，在那寂靜之處「變像」（太十七 1～9）。祂面對事奉的巔峯之前，獨自在客西馬尼園安靜禱告（太二十六 36～46）。我還可以舉出更多例子，但上述內容已經足以說明，耶穌恆常做的一件事，就是獨自退到安靜的地方去，我們也應當如此行。

潘霍華的《團契生活》(*Life Together*)有一章名為〈相聚日〉，隨後一章名為〈獨處日〉，二者都是靈命成長所必需的。他寫道：「不能獨處的人，要提防羣體……不在羣體的人，要提防獨處……二者本身都有極大的隱患與危險。只求團契、罔顧獨處的人，容易落入言語感受的虛空中；只求獨處、罔顧團契的人，容易被虛榮、自戀、絕望的深淵吞噬。」[2]

所以，想與人建立有益的關係，就必須尋獲獨處的泰然。想泰然地獨處，就必須尋獲羣體的團契與守望。想活出順服主的生命，就必須同時培養獨處和參與團契的習慣。

獨處與守靜

沒有守靜，就沒有獨處。守靜有時是閉口不言，但更重要的是能夠聆聽。僅僅不說話而沒有聆聽上帝的微聲，還算不上守靜。「充滿噪音與聲音的一天，可以是守靜的一天——只要那些噪音在耳中變成上帝同在的回響，只要那些聲音在耳中化為上帝的信息與呼喚。當我們談論自己，滿口盡是自我，安靜就離我們而去。當我們覆述上帝留在我們心中的親密話語，就能安然守靜。」[3]

我們必須了解內在獨處與內在守靜的關連，二者是分不開的。所有深諳內在生命的宗師，都同時重視獨處與守靜。譬如出版五百年來無出其右的靈修經典《效法基督》，當中就有一部分內容名為〈論愛獨處與愛守靜〉。潘霍華在《團契生活》中將獨處與守靜相提並論，梅頓在《獨處中的省思》(*Thoughts in*

Solitude）中也是如此。其實我在命名本章時，曾經反復考量應該用「獨處」還是「守靜」，因為二者在所有靈修經典中都是緊密相連的。因此我們要認識獨處，就要同時明白並體驗守靜的改變力量。

有句古老格言，大意是：「張開口的，把眼睛閉上！」守靜與獨處的目的，就是能夠看見和聽見。守靜的關鍵不是不說話，而是慎言。雅各很清楚，一個人能夠制伏自己的舌頭，就已經步入完全了（雅三 1～12）。操練守靜與獨處，就是學習何時開口，何時閉嘴。將這操練化為律法的人，總是將守靜推向偏鋒：「未來四十天，我要不發一言！」對守靜與獨處的操練者來說，這是很大的試探。肯培多馬說：「沉默比慎言容易。」[4] 傳道書作者說得好：「靜默有時，言語有時」（傳三 7）。關鍵在於節制。

雅各用「船舵」與「嚼環」比喻舌頭：除了控制，舌頭還誘導我們。例如當我們說了一個謊，為了圓這個謊，我們往往說更多謊，甚至不惜做出一些務求令人相信自己謊話的行為。難怪雅各說「舌頭就是火」（雅三 6）。

嚴於律己的人，就是在合宜之時、做合宜之事的人。籃球冠軍隊伍的標記，是在需要得分之時得分。我們大多數人都投得中籃，但在需要投中之時，卻未必能夠投中。操練守靜的人，就要學習在需要開口之時說出要說的話。「一句話說得合宜，就如金蘋果在銀網子裏」（箴二十五 11）。假若應說話時不說，就不是操練守靜。同樣，如果該閉嘴時開口，也做得不對。

愚昧人獻祭

傳道書五章1節有這樣的說法：「近前聽，勝過愚昧人獻祭。」所謂「愚昧人獻祭」，就是從人而出的宗教言說。傳道者續說：「你在上帝面前不可冒失開口，也不可心急發言；因為上帝在天上，你在地下，所以你的言語要寡少」(傳五2)。

耶穌帶著彼得、雅各、約翰，登上一座高山，在他們眼前變像，摩西和以利亞也顯現了，與耶穌交談。聖經記載：「彼得對耶穌說：『……你若願意，我就在這裏搭三座棚……』」(太十七4)。「彼得對耶穌說」在原文有「彼得**回答**耶穌說」的意思，但其實沒有人對彼得說話啊！彼得所做的就是「愚昧人獻祭」。

伍爾曼曾在日記寫下一段細膩動人的話，描述他如何努力制伏自己的舌頭。他的文字十分生動，值得引述如下：

> 我懷著糟透了的心情參加那些聚會，竭力以「大牧者」的語言充塞腦袋。有一天，我的心頗受激動，於是站起來說了些話——我沒有緊隨上帝的感動，於是說了些不該說的話。其後不久我知道自己錯了，心中自責了好幾個禮拜，期間看不到半點光明、嘗不到半點安慰，甚至毫無喜樂，萬念俱灰。我求告上帝，向祂認罪，在痛悔中領受祂的憐憫，還有祂的聖靈——就是祂賜給我的保惠師。我感到過犯得蒙饒恕。我的心平靜、安穩下來，為救贖主的恩慈感謝不迭。大約六個禮拜後，上帝愛的泉源重新湧現，我再有感動開口，

於是在一個聚會中說了幾句話，說完內心滿有平安。有了這個降卑與管教的經歷後，我學到了如何辨認純全聖靈在心中的感動。我必須在安靜中等候，有時需要等候好幾個禮拜，直到我覺得時機成熟，可以開口了——我成了一支號筒，供上帝使用，向祂的子民發聲。」[5]

伍爾曼的經驗，對我們操練守靜很有啟發，尤其他提到在學習過程中，學會如何辨認純全聖靈在心中的感動。

我們難以忍受沉默，其中一個理由，是沉默令人無助。我們慣於用言語管理人、控制人。如果沒有人開口，誰作主呢？上帝會作主。但除非我們信靠上帝，否則我們不會讓祂作主。守靜與信靠，關係密切。

舌頭是操控人最有力的武器。我們喋喋不休，因為總在不斷調整自己的形像。我們十分在意別人對我們的評價，所以不斷說話，務求令別人明白。假若我做了錯事（就算做了正確的事，也擔心別人誤會），並發現你知道了，我會想方設法，希望你明白我為甚麼那樣做，以掃除你對我的不良觀感！守靜是最高深的靈命操練之一，因為守靜最能制約自義的思想與行為。

守靜其中一個成果，是內心得釋放，讓上帝做我們的判官，稱我們為義。我們毋須指正別人的錯處。有個故事的主人翁，是一個中世紀修士，他被誣告某些過失，心懷不平。有一天他看見窗外有一條狗，死命咬著、齧著一張晾著的地氈。這時，上帝對他說：「你的名聲，就像你眼前的光景！但如果你信靠我，我將會照顧你——你的名聲，你的一切。」也許守靜比萬事更能引領我們相信上帝會照顧我們——「我們的名聲，我們的一切」。

喬治．福克斯經常提及「捆綁的靈」，並世界如何受制於這樣的靈——很多時候「捆綁的靈」與「阿諛奉承的靈」是相通的。福克斯在他日記中論到「拯救人脫離他人」，就是幫助人掙脫某些人藉著律法對別人的轄制。守靜是其中一個使人得釋放的法門。

舌頭是溫度計，讓人知道自己靈命的溫度。舌頭也是恆溫器，調節靈命的溫度。制伏舌頭，可以影響一切。我們是否得到自由，以至可以制伏自己的舌頭？潘霍華說：「惟有靈裏的安靜，可以帶來真正的沉默、真正的安靜，才能真正制伏舌頭。」[6] 據說昔日聖道明（St. Dominic）曾經與聖方濟各見面，但整個會晤二人沒有說過半句話。除非我們學會守靜，不然不懂得在**合宜之時**說當說之話。

杜赫蒂（Catherine de Hueck Doherty）說：「我心安靜，一切都安靜……我沐浴在上帝的安靜中。」[7] 在獨處中，我們體驗「上帝的安靜」，領受心所渴慕的、內在的安靜。

靈魂的暗夜

認真操練獨處，或遲或早，我們會踏上一段靈程——十字約翰（St. John of the Cross）將它生動地描述為「靈魂的暗夜」。所謂「暗夜」，並無有害或不好的意思，恰恰相反，那是人們理應樂於接受的經驗，正如病人理應樂於接受外科手術，因為可以帶來醫治與康健。這幽暗並非要懲罰或傷害我們，而是要釋放我們脱離捆綁。這是上帝的安排，是一個難得的機會，導引我們親近上帝。十字約翰稱之為「純全的恩典」，並形容説：

賜人指引的夜！
遠比黎明美好的夜！
藉著這夜
良人與祂所愛的聯合，
她藉著良人獲得改變。[8]

「靈魂的暗夜」所指為何？可能是枯乾、孤單，以至失落的感覺。任何對感受的過度倚賴，都被消除了。今日世界勸我們要逃避上述經驗，而去時刻追求穩妥、舒適、喜樂、歡慶的生活，這正好説明當今世代的浮淺，只懂得追求表面的愉悦。「暗夜」是上帝引領我們進入安靜的方法，在那安靜中，祂可以在我們靈魂深處施行改變。

這「暗夜」如何在日常生活中呈現？人若認真操練獨處，通常起初是大有果效的，但失望很快接踵而至，這時，人只想全然放棄操練。起初的感覺不見了，你只覺得無法進到上帝跟前。十字約翰這樣描述這狀況：「⋯⋯靈魂的幽暗⋯⋯令感官的、靈性的慾求喪失了活力⋯⋯並制約人的想像力，不容它使人分心。幽暗令記憶停止、心智蒙昧，不能理解任何事，因此意志亦枯竭乏力，一切官能徒然虛空。此外還有一團濃厚纏累的烏雲蓋頂，令靈魂飽受擊打，人因此遠避上帝。」[9]

十字約翰在他的詩作《靈魂之歌》(*Canciones del Alma*)中兩次提及一個片語：「我家如今全然安靜」。[10] 這個生動的意象，表明一件要事：必須令一切感官——身體的、情感的、心理的，以至靈性的——歸於安靜。一切來自身、心、靈的紛擾，必須予以懸置，令上帝可以開展施諸靈魂的工作。這種情況就像醫生必須先麻醉病人，才開始動手術。這時我們心中會出現寂靜、平安、穩妥——在這段日子，讀經、講道、學術思辯，都難以感動我們、刺激我們。

當上帝慈祥地引領我們進入靈魂的暗夜，我們心中總會出現試探，我們只想快快逃離這狀況，並且為心底的鬱悶，諉過所有人、所有事！傳道人講道悶死人！詩班唱詩軟弱無力！教會崇拜味同嚼蠟！我們開始四出尋找別家教會，或全新的經驗，務求獲得「靈性亢奮」……這統統錯得離譜！你要明白「暗夜」之所是，你要為上帝的愛感恩：祂要吸引你離開一切紛擾，使你可以清楚地看見祂！切莫焦躁掙扎，倒要安靜等候。

論到人對屬靈之事無動於衷，上述所指並非出於犯罪或悖逆上帝——恰恰相反，這些都是致力尋求上帝的人，而且心中沒有明確已知的罪過。

你們中間誰是敬畏耶和華、

聽從他僕人之話的？

這人行在暗中，

沒有亮光。

當倚靠耶和華的名，
仗賴自己的上帝。

賽五十 10；粗體為引者所加

上述經文告訴我們，一個敬畏、聽從、仗賴、倚靠耶和華的人，仍有可能「行在暗中，沒有亮光」。我們順服上帝，同時身處靈魂的暗夜。

十字約翰分享他的親身體驗：在暗夜中，上帝恩手保守他脫離諸般惡行，並在上帝的國諸事上大有進益。「……人身處這幽暗中……會清楚看見各種慾求與官能可以不受無益有害的事物騷擾，脫離虛榮、驕傲、狂妄、逸樂以及其他惡事的侵害。靈魂行在幽暗中……可以進步神速，因為蒙賜許多德性。」[11]

身處靈魂的暗夜，應該怎樣面對？首要是不要聽信滿懷好意的親朋叫你盡快逃離這狀況的意見。他們根本不明白發生在你生命裏的是甚麼事。今日世代對這些事是無知的，我建議你根本不要與人談論暗夜之事。更重要的，是不要嘗試向人解釋或闡述自己「不適」的緣由。上帝是你的判官，將你的事交付祂就是了。假若可以「退到曠野」一段日子，那很好；假若不行，就照常生活吧。不管身在「曠野」還是家中，你要持守心中那深沉、內斂、便於聆聽的安靜，默默無聲，直到功成。

或許十字約翰引領我們邁向的「水深之處」，是我們沒想過要探索的。他所談論的境界，是我們大多數人「通過鏡子間接觀看」

的。但我們毋須自責為何欠缺勇氣攀登靈性高峯，這些事理應審慎處之。無論如何，十字約翰已攪動了我們的心，引領我們一窺那更高更深的經驗——縱使他不過輕輕示意而已。想想看：我們的心門像打開了一道縫，可以略略窺探一個新境界。上帝所要的不過如此，上帝需要的也不過如此。

讓我們以十字約翰這位靈性導師的話，為靈魂的暗夜這個旅程作個小結：「因此，靈魂啊，當你發現慾求減退，興趣乾枯，任何靈命操練都令你感乏力，千萬不要沮喪，倒要視之為一種恩典，因為上帝正在釋放你脫離你自己，並從你生命中挪去你自己的作為。」[12]

步向獨處

靈命操練必須付諸行動——我們不可忘卻這事實。滿口敬虔談論「心的獨處」是一回事，但若流於口舌討論，而沒有激發親身體驗，這樣的靈命操練是虛的。行動是重要的，不要空談心思狀況，光說「我內心奉行獨處與守靜之道，我不需要再做甚麼」是不夠的。事實是，所有守靜者都會銳意安排生活細節，好讓自己得以領受那份「出人意外的平安」。要操練成功，就要超越理論，進入實際生活處境。

怎樣步向獨處？首先可以利用一天中的「少許獨處時刻」，包括：每天家人尚在夢中的清晨時刻、一天工作開始前喝咖啡的時光、繁忙時段在公路上塞車的無聊時間，還有無意中發現花草樹木之美的一刻⋯⋯與人共膳，可以邀請大家同享片刻靜默，代替謝飯禱告。記得有一次我開車接載幾個沿途吱吱喳喳的孩童和成人去機場，我高呼：「來玩個遊戲好嗎？看看大家能否不講一句話，直到我們抵達機場？」(不過是幾分鐘車程)。結果十分成功，大家都很愉快！我們亦可重新享受下班歸家的路，尋找新的樂趣與意義，又或睡前走出家門看看，感受靜夜的意興。

這些零碎時間，常常在指縫間溜走，何其可惜！我們可以，也應該珍惜這些光陰。這些時間可用作守靜、反思，重整生活方向，就像指南針上的指針。這些零碎的時刻幫助我們活在當下。

還有甚麼可做的？可以尋找或建構一個「安靜空間」，專為守靜與獨處。有人時常裝修房子，何不撥出一角，設立小小的聖所，讓家庭成員可以獨處、守靜？有甚麼攔阻你呢？是錢嗎？你忘記了自己大灑金錢在遊戲室或客廳嗎？又或者可以在車房或後院圍起一個空間用作守靜。住在公寓的也可以發揮創意，譬如我認識一家人，他們的客廳中有一張特別的椅子，任何人坐在上面，就等於向大家宣告：「請不要打擾我，我想獨處片刻。」

我們也可以在外面找到合適的地方：公園一角、某些隨時歡迎訪客的教會，甚至某個地方的貯物室。我家附近有個退修中心，特意設立一個供一個人使用的精緻小屋，讓人默想和獨處，名曰「靜居」。教會用於建堂開支不菲，何不設立地方專供個人退修之用？杜赫蒂在北美倡議名為「荒漠」(Poustinia)的退修中心，也是為了讓人可以獨處守靜。*

在本書講論「研習」的篇章中，我們提到自省的重要——須留意自己是否不斷在掩飾、解釋自己的行為。自省過後，何不試試只做事而不作任何解釋？你可能很害怕別人誤解你的行為和動機，但你就是要學習讓上帝作你的判官。

讓我們操練說話，令自己說得言簡意賅。讓我們成為「言之有物」的模範。讓我們說話簡單直接，言出必行。「你許願不還，不如不許」(傳五5)。當我們能夠制伏自己的舌頭，潘霍華的話就不是虛言了：「毋須說出口的，就不要說出口。必要的、有益的話，可以盡量說得精簡。」[13]

若要更上一層樓，可嘗試一整天不說話。不要以此為律法，而要以此為實驗。留意你的無助感，思想你與人溝通是否過度倚賴言語。嘗試找出非言語的溝通方法。好好享受、體味每一天，從中學習。

我們可以每年四次，每次撥出三四個鐘頭，靜下來重新調校自己的人生目標。最容易的方法，是選定一個黃昏留在辦公室，或在家中，或在公立圖書館一角，好好靜思，重新衡量人生目標和宗旨。你想在未來一年達成甚麼具體目標？未來十年呢？我們的傾向，是高估自己一年內可做成的事，又低估自己十年內可做成的事。我們一方面要定立實際可行的目標，另一方面要敢於

---

* 設立這些退修中心的故事，見杜赫蒂的著作 *Poustinia: Christian Spirituality of the East for Western Man* (Notre Dame, IN: Ave Maria Press, 1974)。

做夢、突破制限(其實本書在我寫成之前,就是一個做了幾年的夢)。在那三四個鐘頭的安靜時間裏,用心聆聽上帝的微聲,將上帝告訴你的話寫在日記中。

重新定位,定立目標,這不一定如一般人所想的那般硬梆梆、冷冰冰。目標是發見的,不是制定的。上帝樂於向我們展示未來的振奮人心的新可能。也許你在守靜中,會感受到從學習編織或陶藝而來的喜悅。這樣的目標會否太屬世、太不屬靈?上帝對這些事興致盎然,你呢?也許你想認識、體驗更多聖靈恩賜,諸如行神蹟、醫治、說方言之類。或許你可以效法我一個朋友的做法:付出大量時間發揮服事恩賜,學習做主僕。也許未來一年你想遍讀所有魯益師或杜魯柏的著作。也許五年後你想獲得服事殘障兒童的專業資格。我們這樣選擇目標,跟那些銷售操控手法有分別嗎?當然是有的。我們想要的,是定立人生方向。既然如此,先與上帝相交,在相交中設定目標,豈不是好得多嗎?

我們討論研習的操練時,提及兩三天的研習退修,如果在退修中加入「在上帝跟前守靜」的元素,所得只會有增無損。要效法耶穌——偶爾遠離人羣,才可以真正投入人羣。計劃每年退修一次,不為甚麼,只為獨處。

獨處可以令我們更靈敏,更懂得憐憫。在人前你會獲得一種新的自由。你會更留意別人的需要,更能感受別人的傷痛。梅頓說:「在深沉的獨處中,我獲得一種溫柔,令我可以真心愛弟兄。我獨處愈多,對弟兄的愛也愈多⋯⋯獨處與守靜,教曉我怎樣愛弟兄——乃按他們之所是,非按他們之所言。」[14]

你有沒有覺察到一種催促、一種渴求，呼喚你躍進上帝所賜的守靜與獨處？你豈不想追求更有價值的東西？你的每個呼吸，豈非讓你產生一種對上帝的同在更深更廣的渴慕？操練獨處，是打開這道門的鑰匙。你已經獲邀進去，「在上帝那奇妙、可畏、溫柔、慈愛、無所不包的安靜中，聽取祂的話」。[15]

8

順服

基督徒全然自由，不受制於任何人；基督徒是眾人的忠僕，屈從所有人。

馬丁・路德

在所有靈命操練之中，順服的操練是最被扭曲的一項。人類似乎有個特異本領，總是將最好的教導，化作最糟糕的結果。論到奴役心靈，再沒有比宗教更糟糕的；而論到宗教對人的轄制與損毀，再沒有比關乎順服的歪理更糟糕的。因此我們要格外審慎地、帶著明辨的心講論這操練，確保我們是在建立生命，而非拆毀生命。

操練能夠帶來自由。譬如我下苦功研習修辭學，當需要演說，就有游刃的空間。狄摩西尼（Demosthenes）演講游刃有餘，因為他經過刻苦操練。傳說他練大聲量的方法，是含著小石子在波濤洶湧的海岸對人喊話。操練是為獲得自由。我們的目標是自由，不是操練——如果操練變成焦點，就淪為律法，相應的自由亦消失了。

靈命操練之目的，是達至盡美盡善。靈命操練本身沒有價值，靈命操練的價值在於導人進到上帝跟前，領受從祂而來、我們夢寐以求的自由。自由才是目的，靈命操練**不過是**手段。靈命操練不是答案，而是通向答案的路徑。我們不想落入束縛，就要了解靈命操練的作用與限制——不但要了解，更要不斷提醒自己：人的確很容易落入試探，將焦點放在靈命操練上！惟願我們常將焦點放在基督身上，毋忘靈命操練不過是幫助人貼近基督心意的方法。

順服中的自由

每項靈命操練，都可以帶來相應的自由——順服的操練也不例外，可以幫人脫離一個苦不堪言的重擔，就是要諸事順心遂意！不斷要求萬事按照自己的心意發生，是今日社會對人最大的奴役！許多人因著芝麻綠豆的事，可以幾個禮拜、幾個月以至幾年心浮氣躁，七竅生煙！他們怒不可遏，好像生死攸關，甚至患上胃潰瘍。

操練順服，就是學習釋懷，忘記不順心的事。老實說，人生中大多數事情，都並非所想的那麼重要！這事或那事不發生，人生不會中斷！

若能細察這道理，也許就會發現，教會的紛爭與分裂，幾乎都是因為信眾失卻了向彼此讓步、屈從的自由。我們堅稱自己在捍衛一個核心議題或神聖原則。也許是吧——但通常都不是。常見的情況，是我們不能忍受自己讓步，因為這意味著自己不能順心遂意！惟有透過順服的操練，我們可以勝過上述傾向，不容它轄制我們。惟有順服可以釋放我們，令我們獲得自由，能夠辨識「真正重要的議題」與「偏執己見」的分別。

惟願我們能夠發現，人生大多數事情，並非核心議題，因此可以處之泰然。很多事其實真是「沒甚麼」。有時我們口裏說：「噯，我不在乎。」但心底的想法（有時甚至會明示或暗示對方）是：「我十分在乎！」本書上一章論及守靜的操練，它與本章的操練直接相關：在順服的事上，最合宜的處理方法，就是默然面對。我們需要一種無所不包、超越任何言語或行動、使我們得自由的恩典之靈。

聖經關乎順服的教導，聚焦於我們怎樣看待他人。聖經不著眼於層級架構、權力關係，卻著眼於人的內心是否彼此服從。例如彼得教導作僕人的，對主人要存順服的心（彼前二 18）。乍看這似乎沒有必要，但若細想一下，僕人其實有可能只有順服的行為而沒有順服的態度。我們也一樣，有可能表面順應別人的要求做事，內裏卻憤憤不平！關乎待人處事之內心態度的教導，其實貫穿了整部新約聖經。十誡其中一誡是不可殺人，但耶穌強調，這誡命更關乎「想殺人的心」，就是我們怎樣看待對方。這通則適用於順服的操練，其關鍵在於我們對彼此的顧惜與尊重。

順服的結果，是內心得釋放，能夠珍視他人。他人的夢想和大計，不再是無關痛癢之事。我們體驗到嶄新、美好、滿有榮光的自由，就是為了他人益處，放棄自己權利的自由。我們終於可以初嘗無條件愛人的滋味了，不再要求對方回報，不再覺得自己必須得到這樣那樣的對待。我們為他人的成功歡呼，為他人的失敗難過。我們不介意自己的計劃能否實現，只願意他人的計劃能夠實現。我們發現一件事：服事鄰舍，遠勝自己順心遂意。

你知道嗎？放棄自己的權利，就能夠獲得釋放！你可以脫離別人不按你的期望對待你，你由此生出的暴怒和怨恨。換言之，你終於可以打破世俗社會的一條鐵律：「你對我好，我對你好；你加害於我，我以牙還牙！」換言之，你獲得自由，得以服從耶穌的誡命：「要愛你們的仇敵，為那逼迫你們的禱告」（太五 44）。換言之，你終於明白怎樣放棄報復的權利了：「有人打你的右臉，連左臉也轉過來由他打」（太五 39）。

試金石

你可能留意到我一直用迂迴的方式講論順服。我給順服下定義前，先講了順服的益處。我這樣做是有原因的。太多人受到關乎順服的歪曲教導影響了，他們要麼接受了歪理，要麼棄絕了順服的操練——前者的結果是憎恨自己，後者的結果是膜拜自己。但其實我們毋須在刀山與火海之間選擇，我們實在有第三條路可走。

要知道某個關乎順服的教導是否合乎聖經，有一個試金石，就是耶穌的震撼宣言：「若有人要跟從我，就當捨己，背起他的十字架來跟從我」（可八 34）。面對耶穌這話，我們的直接反應就是退卻，因為令我們自在的字詞不是「捨己」，而是「滿足自我」與「實現自我」（但事實上，惟有耶穌教導的捨己，可以為人帶來真正的自我滿足、自我實現)。「捨己」二字總是讓人聯想到卑躬屈膝、自厭自棄。我們覺得捨己等於摒棄自我，把我們領向各式各樣的苦行。

然而，耶穌呼喚我們捨己，決非要我們厭棄自己。捨己的精義，是知道毋須事事順心遂意。我們的快樂，不在於能否實現所求所想。

有人以為捨己等於失去自我，這不是事實。人若沒有自我，「彼此順服」就談不上了。當耶穌定意走向各各他，祂是否失去了自我？當彼得回應耶穌要他背十字架的呼召：「你跟從我吧！」(約二十一 19)，他是否失去了自我？當保羅定意歸向主——祂曾預告保羅「為我的名必須受許多的苦難」(徒九 16)——他是否失去了自我？當然沒有！恰恰相反，藉著捨己，他們都找到了自我。

捨己不等於嫌厭自己。嫌厭自己是覺得自己沒有價值，就算有，也必須予以棄絕。捨己卻是認定自己的價值無可限量，並予以實現。嫌厭自己乃是否定上帝創造之美好，捨己卻認定上帝之創造實在美好。耶穌要我們愛人如己(太二十二 39)，間接指出愛己是愛人的先決條件。愛己與捨己，是並行不悖的。耶穌不止一次告訴我們，捨己是通向愛己的惟一正途。「得著生命的，將要失喪生命；為我失喪生命的，將要得著生命」(太十 39)。

我們必須重申，捨己乃是擁有一種自由——順服他人的自由，也就是以他人的益處高於自己的益處。如此捨己可以救自己脫離自憐。不捨己的人，總要事事順心遂意，不然就落入自憐中——「我多麼可憐！」就算貌似順服，心底其實自封為烈士！這種烈士式自憐，反映順服的操練已不復在。捨己是順服的基石，因為它制止人自我陶醉。

現代人覺得靈修大師的言論令人難以消受，因為他們的著作不斷提及捨己，例如肯培多馬在《效法基督》說：「輕看自己，重視他人，欣賞他人，這是大智慧，邁向完全。」[1] 耶穌的話也令我們難以消受：「若有人要跟從我，就當捨己，背起他的十字架來跟從我」(可八 34)。我們最大的問題，是不明白耶穌的教訓：捨己是通向自我滿足惟一的正途，「因為，凡要救自己生命的，必喪掉生命；凡為我和福音喪掉生命的，必救了生命」(可八 35)。論到這奧妙的弔詭，聖詩作者馬得勝(George Matheson)有這樣的描述：

求主把我捆綁，
我才得著釋放，
願主逼我向你繳械，
我才得勝奏凱，
當我倚靠自己，
我就失敗危險，
當主膀臂將我監禁，
我手就更奮興。[2]

(譯註：中譯參《頌主聖歌》
302 首《願作主囚》)

也許是時候重新理解捨己的價值了：捨己是真自由。我們必須對此堅定不移，因為正如前文所述，捨己是操練順服的試金石。

耶穌的教導：革命式服從*

耶穌關乎社羣的教導最徹底的一點，乃在於全然顛覆了當世對「尊貴」的看法。在耶穌眼中，誰要為大，就要成為眾人的奴僕；掌權的，就要順服眾人。最能象徵這種嶄新的奴僕觀念的，就是十字架。耶穌「自己卑微，存心順服，以至於死，且死在十字架上」(腓二 8)。但須留意的是，基督不但「死在十字架上」，也同時活出「十字架之道」。十字架之道，就是受苦的僕人之道，是耶穌基督一生事奉的基石。祂一生順服全人類，是萬人的奴僕，這是十字架之道。祂斷然揚棄世人對地位與權力的高舉，宣告：「你們不要受拉比的稱呼……也不要受師尊的稱呼……」(太二十三 8～10)，這是十字架之道。祂又打破當時的風尚，真心尊重女性，樂意接觸孩童，這是十字架之道。祂為門徒洗腳，這是十字架之道。祂可以隨時召喚眾多天使任祂指揮，但祂選擇死在十字架上。耶穌的一生，是背十字架的一生，是順服與事奉的一生。耶穌的死，是死在十字架上，藉著受難得勝死亡。

耶穌的生命與教訓，毫無疑問是革命式的。這種生命與教

---

* 「革命式服從」(revolutionary subordination)及從這名詞引申的幾個概念，源於尤達(John Howard Yoder)的著作《耶穌政治》(*The Politics of Jesus*〔Grand Rapids, MI: Eerdmans, 1972〕)。當中論及「革命式服從」的一章十分出色。

訓，全然輕看一切地位與權勢，從而追求一種嶄新的領袖之道。耶穌的十字架之道，撼動一切建基於權力與私利的社會秩序。*

如前所述，耶穌呼召門徒活出「十字架之道」，祂說：「若有人要跟從我，就當捨己，背起他的十字架來跟從我」（可八 34）。祂又斬釘截鐵地說：「若有人願意作首先的，他必作眾人末後的，作眾人的用人」（可九 35）。祂為門徒洗腳，使十字架之道成為不朽的原則，這時祂說：「我給你們作了榜樣，叫你們照著我向你們所做的去做」（約十三 15）。十字架之道，就是自願順服之道。十字架之道，就是主動作眾人奴僕之道。

新約書信的教導：革命式服從

耶穌在一切人際關係中踐行十字架之道，祂的呼召和榜樣，是新約書信關乎順服之教導的理據。使徒保羅勸勉教會要「看別人比自己強，要效法主耶穌在救恩一事上的順服和捨己，「基督耶穌……虛己，取了奴僕的形像……」（腓二 4～7）。使徒彼得論到順服，也提到以耶穌的榜樣為我們順服的緣由：「你們蒙召原是為此；因基督也為你們受過苦，給你們留下榜樣，叫你們跟隨他的腳蹤行……他被罵不還口；受害不說威嚇的

* 論到十字架之道對社會的影響，今日教會總是欠缺了解，或欠缺踐行。賀斯貝格（Guy Hershberger）在他的著作《人際關係中的十字架之道》（*The Way of the Cross in Human Relations*〔Scottsdale, PA: Herald Press, 1958〕）論到基督的奴僕之道可以如何影響許多議題，包括戰爭、資本主義、商會、工會、物質主義、雇傭關係、種族關係等。我在本書借用了他的一個用詞：「十字架之道」（cross-life）。

話，只將自己交託那按公義審判人的主」(彼前二21～23)。在以弗所書的「家訓」(*Haustafel*)[*]之前有個引言：「**當存敬畏基督的心**，彼此順服」(弗五21；強調為引者所加)。耶穌親自活出十字架之道，這是基督徒活出十字架之道這呼召的憑據。

順服的操練，向來遭受極大的誤解與誤用，背後最大原因，是漠視了上述背景。順服貫穿整部新約聖經，是常見的道德議題，是**所有**基督徒都必須履行的：男的女的、父母子女、主人僕人。聖經吩咐我們務須活出順服的生命，因為耶穌活出了順服的生命，而非因為我們身處某種人生景況或階段。捨己是所有跟隨被釘十架的主的人適切的取向。細究上述「家訓」，順服的惟一且重大的理據，就是要效法耶穌的榜樣。

與其他一世紀著述相比，上述順服理據尤其令人震驚不已，因為新約聖經以外的著述，其順服理據，幾乎都是訴諸神明定立的規矩——順服是社會地位使然。然而沒有任何新約聖經作者採用類似的理據，他們提出的教導，是前所未聞的，是具革命性的。他們全然漠視當世的尊卑上下觀念，呼籲人人「看別人比自己強」(腓二3)。

新約書信首先呼籲當時社會中已在順服的人要順服：「你們作妻子的，當順服自己的丈夫……你們作兒女的，要凡事聽從

---

* 這詞是馬丁．路德的自創用詞，指的是基督徒家庭的規矩。該詞後來漸漸被視為某種文體，見於弗五21～六9；西三18～四1；多二4～10；彼前二18～三7。

父母……你們作僕人的，要凡事聽從你們肉身的主人……」（西三 18～22）。這教導的革命性，在於這些人在一世紀社會，根本沒有選擇順服與否的自由，但聖經作者看他們為有自由作出道德抉擇的人。也就是說，他們在社會裏沒有法律上或道德方面的地位，但保羅卻賦予他們這種道德責任——社會不賦予他們做決定的權利，但保羅提醒他們，他們有做決定的自由。

饒有意思的是，保羅勸誡他們要順服，但他們根本就已身處必須順服人的位置——這背後惟一有意義的解釋，是他們在福音信息的光照下，已經看自己為脫離了社會賦予他們的從屬地位。福音與「二等公民」是不相容的，他們也知道這一點。保羅勸誡他們要甘心樂意順服，不是因為這是他們的社會地位，而是因為「這在主裏面是相宜的」（西三 18）。

這一套關乎順服的道德教訓，也與新約時代的社會規範大相徑庭。舉例說，斯多噶派**只**針對社會的上層階級，勸勉他們盡「在上位者」的職責，因為這是他們的本分。然而保羅的教訓先以當時社會的「在下位者」為對象，這些人在當時的社會根本不受重視，保羅卻勸他們要活出耶穌的十字架之道。

接著，新約書信也以當時社會的「在上位者」為教導對象，勸他們活出耶穌的十字架之道。順服的勸誡是雙向的——「你們作丈夫的，要愛你們的妻子……你們作父親的，不要惹兒女的氣……你們作主人的，要公公平平地待僕人……」（西三 19～四 1）。有人以為這些對「在上位者」的勸誡，根本與順服扯不上關係；持這種想法的人忽略了上述關於順服的勸誡，對新約時代的社會的「在上位者」意味著甚麼。對一世紀的丈夫、父親、主人來說，要遵行保羅的教訓，就必須大大改變向來的行為。相反，一世紀的妻子、兒女、僕人要遵行保羅的教訓，幾乎不用改變任何行為！易言之，最受保羅教訓影響的，是「在上位者」。[3]

再者，我們必須留意，這些對丈夫、父親、主人的吩咐，其實就是要求他們捨己。你可以視之為另一種表達方式，為要說明：我們不再受制於要事事順心遂意。丈夫如果愛妻子，就會事事顧念她的需要，甘心樂意遷就她，心甘情願地將她的需要放在自己的需要之上。他也能夠將兒女的需要放在自己的需要之上（腓二 3）。

在以弗所書，保羅規勸僕人要存喜樂的心、主動樂意事奉地上的主人。然後他又對主人說：「你們作主人的，待僕人也是一理……」（弗六 9）。這樣的想法在一世紀社會是難能可貴的，因為世俗的眼光看僕人不過是主人的財產，而不具獨立的人格。保羅的規勸帶著上帝的權柄，勸勉主人遷就僕人的需要。

也許最能表明革命式順服的例子，見於保羅寫給腓利門的短信。阿尼西謀是腓利門的奴隸，在逃期間成了基督徒，他後來主動想回到主人身邊——對阿尼西謀而言，這個決定是忠於基督信仰的表現。保羅寫信給腓利門，請求腓利門接納阿尼西謀，視他「不再是奴僕，乃是高過奴僕，是親愛的兄弟……」（門 16）。尤達（John Howard Yoder）註道：「這表明保羅以一種合乎基督徒弟兄情誼的非強制性方式勸導腓利門……考慮釋放阿尼西謀。」[4]阿尼西謀回到腓利門身邊，為要順服他；腓利門也要順服阿尼西謀——藉著賜他自由。他們彼此順服，因為二人皆向基督存敬畏的心（弗五 21）。

新約書信沒有為現存的社會階層制度背書。相反，當中的內容命令人人要彼此順服，這誡命挑戰了社會階層的絕對性和重要性，呼召基督徒成為一種新秩序的國民——這秩序的根本特質，就是人人要彼此順服。

順服的界限

操練順服有界限——也就是說，操練若過了某個界限，順服會成為惡事，具破壞性，不但違反耶穌關乎愛人的教導，也不合乎聖經關乎順服的教導（參看馬太福音五、六、七章，可特別留意二十二章 37 至 39 節的教導）。

彼得呼籲基督徒順服政權：「……要順服人的一切制度，或是在上的君王，或是……臣宰」（彼前二 13、14）。然而當「在上的」政權命令教會不要傳揚基督，彼得卻是這樣回答：「聽從你們，不聽從上帝，這在上帝面前合理不合理，你們自己酌量吧！我們所看見所聽見的，不能不說」（徒四 19、20）。在另一個類似的場合，彼得的話十分乾脆利落：「順從上帝，不順從人，是應當的」（徒五 29）。

深諳耶穌的十字架之道的保羅這樣說：「在上有權柄的，人人當順服他……」（羅十三 1）。但當他發現政權沒有行使上帝所授命的公義時，他會直斥其非，堅持必須撥亂反正（徒十六 37）。

這些人面對自己宣稱的捨己及順服原則，是否自相矛盾？非也，他們不過是意識到，當順服到了某個界限，若再逾越就會成為惡事。他們的言行是在踐行革命式服從，就是以溫柔的心堅拒不善的法令，甚至願意以身試法。德國思想家哈默（Johannes Hamel）認為順從意味著這樣的可能性：「從心而發的抵抗、合宜的劃清界線、隨時接受因抗命而來的患難。」[5]

順服的界限有時易於定奪，譬如妻子被要求不合理地懲罰孩子，孩童被要求協助成人進行非法勾當，公民被要求違背聖經教訓與良心去順服政權……基督徒在這些情況下必須抵抗——不能心存傲慢，而要存溫柔順服的心。

但很多時候順服的界限是極難判斷的，譬如說，某人因為沉醉專業發展，令配偶犧牲太多，甚至失去婚姻中的滿足感，配偶還應不應該順服？他／她應該捨己嗎？這樣的捨己是否不當，甚至有害？如果老師給學生的評分不公道，學生應該順服還是反抗？如果雇主任憑個人愛惡與利害決定員工的升遷，被漠視的員工應該順服還是反抗？——尤其當那員工需要升職，以改善家人生活。

這些都是複雜的問題，皆因人際關係是複雜的。這些問題很難有非黑即白的簡易答案。世上沒有一條萬用的順服法則，是適用於任何處境的。其實任何聲稱可以解答所有難題的法則，我們都要存十足的戒心面對它。決疑式倫理（casuistic ethics）是不管用的。

要判定順服的界限，我們不得不承認，必須深深仰賴聖靈的啟迪——這斷不是藉口或託詞。畢竟，如果真有一部法則，可以幫人面對每個處境，我們就不再需要依靠上帝了。聖靈能夠辨明每個人心中的思想與動機，祂隨時與我們同在，是我們的導師與先見，指引我們在每個處境做當做之事。

順服的行動

順服與服事，往往同時發生，因此關乎順服的實際踐行，會在本書下一章詳述，在本章我只列出七個順服的對象。

第一個順服的對象，是三一上帝。每天之始，如聖詩作者所言，我們應該在聖父、聖子、聖靈跟前「等候，安靜順服」。我們每日開口的第一句話，應該是肯培多馬的禱告：「願祢所願，想祢所想，按祢的時候。」[6] 我們為上帝旨意之成就，奉獻身、心、靈。持續一天的順服生活，出於內心不息的降服心志。清晨第一句話是順服，深夜最後一句話也是順服。我們將身、心、靈全然交付上帝手中，任憑祂的旨意，引領我們走過漫漫長夜。

第二個順服的對象，是聖經。我們順服永活的「上帝的道」（耶穌），也順服成文的「上帝的道」（聖經）。我們首先要聆聽上帝的道，然後是領受上帝的道，最後是遵行上帝的道。我們仰賴聖靈——聖經的默示者——詮釋聖經，並將聖經的道理應用在生活中。受聖靈激活的聖經，是我們生活中隨時的幫助，常與我們同在。

第三個順服的對象，是家庭。其中一個家訓，理應是「各人不要單顧自己的事，也要顧別人的事」（腓二4）。家庭成員之間，理應互不計較，慷慨相待。最重要的順服行動，是承諾細心聆聽對方。我們願意聆聽，對方就願意分享，彼此分享本身就是順服的表現。

第四個順服的對象，是鄰舍，以及日常生活中遇見的人。生活中的善行，不少是做在他們眼前的。他們有需要，我們就要伸出援手。小恩小惠，是睦鄰的元素：分享飲食、照管對方的孩子、幫他們刈草、拜訪他們、共享工具⋯⋯沒有甚麼事是不重要或太瑣碎的，因為每件事都是操練順服的機會。

第五個順服的對象，是信仰羣體，就是基督的身體。若發現了需要人承擔的職事、需要人成就的任務，就要認真思考那是否上帝呼召你去背起的十字架。我們不能夠事事參與，但總能夠有所參與。偶爾，我們會遇上關乎整個羣體的大事，但更多時候是隨時在眼前出現的、一點也不起眼的服事機會。當然，有時呼召可以很大，以至關乎普世教會，這時，如果我們心懷確據，就要心存信靠與敬畏，順服主的差遣。

第六個順服的對象，是窮乏的、被嫌厭的人。每個社會都有「孤兒寡婦」——就是那些無助、弱勢的人（雅一 27），我們不可推卸照顧他們的責任。十三世紀的聖方濟各、二十世紀的賀川豐彥，他們是與受壓迫者、被遺棄者站在同一陣線的典範，他們的榜樣，啟迪我們如何活出十字架之道。

第七個順服的對象，是世界。我們身處一個互相倚賴、包羅萬族的社羣，我們不能獨善其身。我們對環境有責任，無論我們是否肩負起這責任，我們的行為都會帶來深遠影響，不僅關乎他國他鄉，更關乎我們自己的後裔。其他地區的饑民與我們唇齒相依。順服，就是定意在一個愈發不負責任的世界，做一個負責任的成員。

末了的話

今日世界出現了一個關乎順服的疑難，它與權柄有關。我所說的是一個我不斷遇見的現象。當人開始明白屬靈的事，會發現耶穌教導的權柄，與世界體系對權柄的理解恰恰相反。耶穌所說的權柄，全然不關乎地位、學歷、名銜、職位或**任何**外在標記。耶穌的進路，是迴異的進路，是屬靈權柄的進路。屬靈權柄是上帝授命的，也是上帝維繫的。人的制度可能承認這權柄，也可能不承認，但對屬靈權柄全無影響。擁有屬靈權柄的人，可能擁有外在的權位，也可能沒有外在的權位，但對屬靈權柄也是全無影響的。屬靈權柄的標記，是憐憫與能力。順從聖靈的人，可以立時察覺屬靈權柄的存在，他們全然曉得，順服乃是我們面對出於屬靈權柄的話時，所作出的回應。

疑難來了：有些人身處權位卻沒有屬靈權柄，我們應該如何對待他們？耶穌的教導十分清楚：權位不等於權柄。既然如此，我們要聽從他們嗎？我們豈不應該漠視一切從人而來的權柄，只尋求並順服屬靈權柄？問這些問題的，是真心渴望順從聖靈的人。這些都是合情合理的疑問，值得我們細心思索。

答案不容易找，卻並非不可能找到。**「革命式服從」要求我們在生活中順服人間權柄，除非它逾越了界限，成了惡事。*** 彼得

* 參看本章論及「順服的界限」的段落。

和保羅呼召信徒服從當時拜異教的政權，因為那個體制並非一無是處。按我考究所得，人間「權柄」其實蘊含許多智慧，我們如果不假思索即嗤之以鼻，只會自招禍患。

讓我再提出一個理由，解釋為何要順服不認識屬靈權柄的在位者吧。我們順服在位者，一來是出於禮節，二來是出於同情，因為他們正處於困境。我深深同情這些人，因為我也曾身歷其境——身處權位，自知力有不逮、靈命淺薄，卻要行使屬靈權柄，這真是很令人挫敗以至絕望的困境。我深深感受過那種窘迫狂躁，它令人假裝自信堅強，甚至用各種手段迫使別人屈從。取笑領袖是容易的，漠視他們的「權柄」也不難，但我就是做不到。我反而會同情他們，因為我體會他們內心的痛苦與掙扎，他們整天必然是活在拉扯與矛盾之中。

最後，我們要為這些領袖禱告，祈求他們能獲得新的能力和權柄。我們也可以成為他們的朋友，盡可能幫助他們。如果能夠在他們面前活出十字架之道，不久我們就會發現，他們的屬靈力量增添了，我們的屬靈力量也增添了。

9

服 事

記住，如果你想承擔先知的職事，你需要的不是權杖，而是鋤頭。

明谷的伯爾納鐸（Bernard of Clairvaux）

十字架是順服的標記，手巾是服事的標記。昔日耶穌招聚門徒共晉最後的晚餐，門徒不停爭論誰為最大。這不是他們第一次爭論。「門徒中間起了議論，誰將為大」（路九46）。但凡爭論誰為最大的同時，其實也是爭論誰為最小。對我們來說，這豈不是最重大的事嗎？大多數人自知難以成為最大，卻不願意成為最小！

門徒到達舉辦逾越節筵席的地方時，十分清楚必須有人為眾人洗腳。問題來了：為眾人洗腳的，必是他們當中最小的，但誰是最小的呢？他們就那樣坐著，滿腳塵土。這個問題太敏感了，他們甚至不打算討論。沒有人願意被視為最小的。然後耶穌拿起手巾，在盆裏倒水——這行動重新定義了何為「大」。

耶穌示範作奴僕的樣式，接著呼召門徒要活出服事之道：

「我是你們的主，你們的夫子，尚且洗你們的腳，你們也當彼此洗腳。我給你們作了榜樣，叫你們照著我向你們所做的去做」(約十三 14、15)。論到聽從耶穌的呼召，為福音的緣故讓步，有時候，我們寧可捨下父母與房產，也不願意洗別人的腳——雖然這是主的吩咐。因為前衛的捨己行徑可以帶來冒險的刺激感——捨下一切，甚至有光榮殉道的機會！但當我們服事，卻需要經歷老我的死去，不斷走出自己的安舒區。服事將我們放逐到平庸、普通、瑣屑之地。

服事的操練，與其他靈命操練一樣，可以為人帶來自由。服事使人拒絕世界關乎晉升與權柄的遊戲規則，消除我們對「尊卑等級」的需要(與慾望)。尊卑等級的意象其實很具體真實，試想像一下：一羣人聚首一堂，除非大家搞清楚誰最大、誰最小，還有最大與最小之間各人所處的位置，不然難以和平共處！除非人人知道自己身處哪個等級，不然難以和諧久安！我們怎樣看出這種尊卑等級？其實顯而易見，例如座位安排；各人走路的方式及所處的位置；交談時誰總會退讓；有任務出現時誰最先挺身、誰最先抽身(這顯示誰以自己為主人、誰以自己為僕人)？這些現象在人類社會中，是不難察覺的。

問題不在於將一切領導或權柄予以取締——社會學家也會迅速指出，這是不可能的。就算在耶穌和門徒當中，領導與權柄也是顯而易見的，關鍵是耶穌重新定義領導，並安排新的權柄架構。

耶穌從沒有說人人擁有相等的權柄。關乎屬靈權柄，耶穌說得不少，也曾直接指出很多人其實並不擁有屬靈權柄。耶穌所說的權柄，並不來自尊卑等級。在這事上，耶穌的教導與世人的判然有別。很多人以為耶穌不過將尊卑等級顛倒，但事實是，耶穌根本將尊卑等級廢除了。耶穌所說的權柄，不是操縱與控制的權柄。他所說的權柄，關乎功能（function），不關乎位分。

耶穌說：「你們知道外邦人有君王為主治理他們，有大臣操權管束他們。**只是在你們中間，不可這樣**……」（粗體為引者所加）。耶穌斷然棄絕當世的尊卑等級體系。既然如此，以甚麼取代呢？「你們中間誰願為大，就必作你們的用人……正如人子來，不是要受人的服事，乃是要服事人……」（太二十 25～28）。所以說，耶穌的屬靈權柄不關乎地位或名銜，而關乎一條手巾。

自義的服事、真正的服事

要明白並踐行真正的服事，就要先學會分辨甚麼是「自義的服事」。

自義的服事來自人的力量，耗費洪荒之力去計量、企劃、推行各個項目；必須運用各樣圖表和研究數據，才可以「幫助某些人」。真正的服事，來自服事者與內住心中的上帝的關係。我們之所以服事，是因為聽到上帝的微聲、受到上帝的敦促。我們在真正的服事中，會付出精力，但那卻不是肉體的莽撞與盲動。凱利說得好：「我發覺祂不會引領我們進到抓狂、汲汲營營的境地。」[1]

自義的服事，最愛「大事」，最愛在「教會功績排行榜」上獨佔鰲頭。自義的服事者享受服事，尤其是規模宏大的服事。真正的服事者，「小事」與「大事」在他眼中並無二致——若真的要分大小，他會被小事吸引，這並非出於假冒的謙虛，而是他真心覺得小事是更重大的任務。真正的服事者，會欣然接受所有服事機會。

自義的服事者想要外在的獎賞，希望被人看見、被人欣賞，追求人的稱讚——當然他們會表現得很謙虛。真正的服事者滿足於寂寂無聞，不怕備受矚目，卻不會主動尋求關注。生命既然以上帝為中心，上帝的讚賞已經足夠。

自義的服事非常介意結果，滿心期待受服事者有恩報恩。如果結果遜於預期，怨懟一發不可收拾。真正的服事全然不計較結果，僅僅喜悅服事本身。服事者服事仇敵，如同服事朋友。

自義的服事，細心選擇服事對象——有時是位高權重者，因為可以帶來某種有利因素；有時是位卑勢弱者，因為可以予人謙厚的形象。真正的服事，不會挑選服事對象，因為耶穌吩咐我們：「作眾人的用人」(可九35)。聖方濟各曾在一封信中寫道：「身為眾人的用人，我必須服事眾人，向眾人宣揚我主帶著馨香的話語。」[2]

自義的服事受情緒與浮思所累，只能在有「服事的感覺」的情況下服事(自以為「被聖靈感動」)。身體不好，睡眠不足，就失去服事意欲。真正的服事既清心又忠心，只為滿足對象的需要。「服事的感覺」很多時是服事的負累，真正的服事會約束感覺，而不是反過來被感覺操控。

自義的服事是暫時的，只發生在行動當下，行動過後，一切拋諸腦後。真正的服事是生活方式，是根深柢固的生活樣式，它隨時回應他人的需要。

自義的服事沒有人情味，就算行動帶來惡果，也要堅持下去，名副其實為服事而服事。真正的服事可以隨時擱下，隨時開始，可以在行動前溫柔耐心聆聽，可以在沉默中等候行動時機。「那些只站著等候的人，也是服事的人。」[3]

自義的服事使羣體分裂。歸根究柢，在一切敬虔外衣底下，核心焦點是個人榮耀。因此接受服事者，乃是欠了服事者的債！服事由此淪為最詭詐、最具破壞力的操控！真正的服事建立羣體，默默地、踏實地眷顧眾人的需要。它招聚眾人、維繫眾人、醫治眾人、建立眾人。

服事與謙卑

要生命結出謙卑的果子，再沒有比操練服事更有效的方法了。眾所周知，有的德行是愈追求愈得不到的，其中一樣就是謙卑——你愈想自己謙卑，謙卑就離你愈遠！你若自覺謙卑，就更證明你一點也不謙卑！大多數人因此覺得謙卑這基督徒所珍視的德行，是可望而不可即、無法追求的，因此也不試圖追求。

然而，我們仍**有**對策，我們毋須寄望有一天謙卑會自動降臨在我們身上。在所有經典的靈命操練中，服事是最有助謙卑生發的。只要定意揀選一條不斷為人謀幸福的路——而且要不為人知——我們的心就會出現重大深刻的改變。

沒有任何事，比服事更能**約束**肉體失控的情慾；也沒有任何事，比不為人知的服事，更能**轉化**肉體的諸般慾望。如果說肉體面對服事尚能潛形匿迹、奄奄一息，那麼面對不為人知的服事，則無所遁形、死路一條！肉體極待渴求的，是榮譽和賞識。肉體會想出巧妙的、為宗教所接納的方式，想方設法令人注意其服事行動。我們堅拒肉體的情慾訴求，就等於把它釘在十字架上。每當我們將肉體釘在十字架上，就是在釘死我們的驕傲與狂妄。

使徒約翰說：「因為，凡世界上的事，就像肉體的情慾、眼目的情慾，並今生的驕傲，都不是從父來的，乃是從世界來的」(約壹二 16)。我們總是輕視了這經文的力度，因為誤以為「情慾」僅僅關乎性罪行。所謂「肉體的情慾」是指人無法約束天生的情慾。陶德(C. H. Dodd)認為「眼目的情慾」是指「人被外在皮相吸引的傾向」，「今生的驕傲」是指「自命不凡的自我主義」。[4] 三種情慾有一個共通特性，就是不倚賴上帝，自滿自足於人的各種力量與才能。這就是肉體的作為——肉體是謙卑的死敵。

要約束這些情慾，必須每天進行最嚴格的操練。要讓肉體學會一個刻苦的教訓：它沒有自主權。能夠達成自謙工夫的，是不為人知的服事。

勞威廉的著作《敬虔與聖潔生活的嚴肅呼召》對十八世紀的英國影響深遠，書中論到信徒要將每天視為操練謙卑的日子。如何做到？就是藉著服事他人。顯然勞威廉深知服事的操練可以使人活出謙卑的生命。要追求謙卑，就要「紆尊降貴，俯就同伴的一切軟弱，遮蓋他們的不足，愛慕他們的美善，稱讚他們的德行，解除他們的困厄，歡慶他們的豐足，憐憫他們的哀愁，接受他們的友誼，輕看他們的冷漠，饒恕他們的醜惡⋯⋯成為奴僕中的奴僕，降到低位，為最卑微的人做最卑微的差事」。[5]

這樣天天管教肉體的結果，就是謙卑的恩典益加增添。我們的生命在不經意間變得謙卑。我們未必覺察這果子，卻會自覺有了新的衝勁、新的生活動力。我們在行動中，會感受到一種新的自信。生活擔子可能和以前一樣沉重，但心底有了新的平靜安穩。以前嫉妒的對象，如今以慈心相待，因為以前見的，是對方的地位，如今見的，是對方的苦楚。以前我們視而不見的人，如今我們不但「看見」他們，而且看出對方的可愛之處。總而言之——雖然難以言喻——我們對被世界遺棄的人(按哥林多前書四章 13 節的描述，世人稱之為「渣滓」)有了新的感同。

除了心底的轉化之外，我們更容易察覺出的，是在上帝裏更深的愛與喜樂。甚至在日常生活中，我們也會偶爾從心底湧出頌讚與愛慕。洋溢著喜樂、不為人知的服事，可說是感恩禱告的實際體現。我們就像被一個新的控制中心導引著——這誠然不是想像，而是上帝的作為。

很好啊，但是⋯⋯

有一個自然且合理的疑懼，伴隨著關乎服事的嚴肅討論。這疑懼出於謹慎，因為人要委身任何靈命操練之先，理應好好計算代價。我們感受到的恐懼，大抵是這樣的想法：「如果我那樣做，別人會佔我便宜，甚至得寸進尺，為所欲為。」

就此，我們可以看出「選擇服事」與「選擇成為奴僕」的分別。選擇服事，我們仍然有自主權，可以決定服事對象與服事時間。若我們仍然有自主權，就會非常擔心被佔便宜，即自主權被奪去。

但若選擇成為奴僕，就等於主動放棄自主權。這可以帶來極大的自由。如果自願選擇被佔便宜，就沒有人可以操控我們了。選擇成為奴僕，就是放棄「選擇服事對象與服事時間」的權利，也就變成隨時候命，容易受傷。

試從奴隸的觀點看世界。對奴隸而言，生命中一切都受奴隸的身分影響。奴隸自知並不擁有自由人的權利。當然，被迫為奴是殘忍且非人的生活。* 然而，如果為奴是自願的，一切就截然不同了。自願為奴，是大喜樂。

我們可能難以接受為奴的意象，不過使徒保羅並不如此，他常以身為基督的奴隸為榮，並常引用一世紀「家奴」(love slave)的觀念（這觀念說的是一個奴隸基於對主人的愛，寧可放棄得自由的機會，自願繼續做主人的奴隸）。我們今日會淡化保羅的用字，將原本的「奴隸」譯為「奴僕」，但無論我們的翻譯是甚麼，總之保羅的意思，是他向基督主動放棄了自己的權利。

因此，害怕被佔便宜以至被恣意蹧蹋，這恐懼全然是合理的，也實在有可能出現這情況。然而，假若我們是自願選擇被踐

---

* 我的博士論文有不少篇幅研究美國的奴隸制歷史，因此很清楚人被迫為奴是何等可怖邪惡之事。

踏，誰還可以傷害我們呢？肯培多馬教導我們「要全然順服……以至眾人皆可踐踏我們，就像踐踏地上的塵土」。[6]

《聖方濟各的小花》載有一個賞心故事，記述聖方濟各如何啟導良弟兄（Brother Leo）明白純全喜樂的意義。某天他們二人在寒氣襲人的雨中同行，聖方濟各不斷向良弟兄指出世界——包括宗教界——所相信的那些能夠帶來喜樂的萬事萬物。聖方濟各每講一事，都以「純全喜樂不在其中」作結。良弟兄終於按捺不住，說：「奉上主之名，求你告訴我：純全喜樂在哪裏呢？」於是聖方濟各逐一數算他能夠想出的最卑微、最貶低自我的事，再逐一說：「良弟兄啊，你要記下：純全喜樂正在於此。」聖方濟各說完了，總結道：「在基督賜予祂朋友的一切『聖靈的恩賜和恩典』之中，沒有任何事比這更大的了，它們就是克勝自我，為了基督的愛，甘心忍受諸般患難、辱罵、輕視、困苦。」[7]

今日我們面對聖方濟各的話，會覺得難以消受。（乍聞這位靈修大師的話，我也五內翻騰，天人交戰！）我們害怕被引向一條不歸路，盤旋而下，終點是極端的苦行主義與苦待己身。今日教會才剛擺脱所謂的「蟲子神學」（worm theology），重拾對人類才幹與潛能的重視，難道服事操練要令我們重返原點？當然不是！無疑，我們要警誡自己不要落入苦行主義，但是過猶不及，我們同時要避免落入另一極端。潘霍華說得好：「如果我們生命中沒有絲毫克己元素，任意縱容肉體的情慾泛濫……實在難以成為基督的奴僕、參與基督的事奉。」[8]

生活中的服事

服事不關乎一張辦事清單，雖然在服事中，我們會不斷發現要辦的事。服事不關乎一套道德守則，而關乎一種生活方式。做一些服事的活動，與操練服事的生活方式，是兩碼子事。籃球運動遠不止於籃球比賽，同樣道理，服事的生活方式亦遠不止於具體服事行動。**做奴僕所做的事**是一回事，**成為奴僕**卻全然是另一回事。正如其他靈命操練，人可以在熟習操練形式的同時，卻不曾經驗操練實意——操練服事也一樣。

不過只強調服事的內在本質，也是遠不足夠的。服事之為服事，必須在我們身處的世界中落實與踐行。因此，我們要知道日常生活中的服事，是怎麼一回事。

首先是「不為人知的服事」。其實就算是公眾領袖，也可以默默服事，完全逃離公眾目光。如果所有服事都做在人前，那人必然會淪為淺薄的人。泰勒的話是很好的靈命指引：「愛心必須隱藏，不要尋求受人抬舉：要甘於不獲稱許，即使被輕看、被忽視，切戒心煩意亂……」[9] 不為人知，是對肉體的最大懲戒，可以治死驕傲。

乍看之下，不為人知的服事似乎只可以為服事對象帶來益處，其實不然。不為人知的服事可以為所有人帶來益處——別人就算不知道誰是服事者，也能夠感受到社羣增添了愛與憐憫，即使他們不知其所以然。有人默默做了好事，我們就會有所感召，驅使自己也付諸行動，因為我們知道在眼見的服事果效背後，必有人在默默付出。這是一種全民可以經常參與的事奉，可以在任何社羣內引發連綿不絕的喜樂與歡慶。

此外還有「微不足道的服事」。聖經中的多加是我們的榜樣，她常給身邊的寡婦做裏衣外衣(徒九39)。以下我要講個真實故事。在我寫博士論文的最後衝刺階段，某天收到一個朋友的電話，他有幾件急事要辦，車子卻給妻子用了，問我可否開車做他的司機半天。我沒有推辭的理由，但心中埋怨自己倒楣！我隨手拿了潘霍華的《團契生活》打算在路上看。我們去了幾個地方，我內心愈發煩躁，為失去寶貴時間懊惱不已。最後一站是超市，我決定不陪朋友了，告訴他我在車中等他。他離開後，我翻開潘霍華的書，映入眼簾的是這段話：「在基督徒羣體中，第二樣理應為人付出的服事，就是主動向人伸出援手，也許起初不過是幫人完成瑣細零碎的事務。人們只要一起生活，就有數不清的瑣屑事務。面對最卑下的事，人人都有義務。若有人擔憂自己的時間會浪費在雞毛蒜皮的小事上，這往往反映了那人將自己的事看得太重要了。」[10]

方濟各．沙肋爵將大德行比作糖，將小忠心比作鹽。糖的味道可能更討喜，但用途比鹽少，鹽才是人們不可或缺的。大德行是罕見的，小服事才是日常慣見的。大任務需要某時某刻作出大犧牲，小服事需要時時刻刻不斷犧牲。「小事……時刻重現……忠於這些小事，我們的本性就沒有喘息的機會，我們就會杜絕老我的傾向。惟我們總寧可為上帝作大犧牲，不論犧牲多大多苦，只求上帝縱容我們在小事上，順從自己的口味與習性。」[11]

在靈性的事上，我們很快會發現，真正要緊的事，似乎都出現在生命中一些毫不起眼的角落。可惜人都沉醉在「大事」上，對這事實置若罔聞。微不足道的服事，直接挑戰我們的遲鈍與怠惰，惟願我們重新省察小事的重大意義。芬乃倫說：「人嫌厭小事，非因靈性提升，恰恰相反，是因為思想狹隘——將影響深遠的事，看為微不足道。」[12]

再者，我們還有「守護他人名聲的服事」，就是明谷的伯爾納鐸稱為「慈愛」(Charity)的服事。我們要免除閒言閒語的毒害，就極需要這服事。使徒保羅勸誡眾人「不要毀謗」(多三2)。人可以用各樣宗教理由掩飾毀謗的事實，但毀謗就是毀謗，其毒性不容狡辯。勒住自己的舌頭是一種操練，對我們大有益處。

我們也不要容讓別人向自己說閒言閒語。我曾服事一家教會，教牧團隊有個守則，是會眾也認可的，就是：任何教牧不可容許任何會友向他/她說另一位教牧的閒話。會友若對某教牧不滿，我們會溫和而堅決地要求那會友與那教牧直接對話。漸漸地，會眾都知道我們不會輕率地聽取會友對教牧的評語。這個守則整個團隊都遵守，也對整個團隊有好處。

明谷的伯爾納鐸警告我們，「毒舌會將聽閒話者的慈愛置諸死地，甚至斬草除根；受影響的不但有直接聽閒話者，其他將閒話不斷輾轉相傳者，也深受其害。」[13] 守護他人名聲，是影響深遠的服事。

我們還有「接受服事的服事」。昔日耶穌要為所愛的門徒洗腳，但彼得拒絕這服事，他接受不了他的主做這樣的粗活。這聽起來很謙卑，但其實只是戴著謙卑的面紗，骨子裏是驕傲。耶穌的服事，當面質疑彼得對權柄的理解：他如果是主，就斷不會為門徒洗腳！

容讓人服事自己，是一種順服與服事的舉動，因為它承認別人的「天國權柄」高於自己。我們以感激的心接受服事，但毋須覺得必須回報服事者。驕傲的人不容人服事自己，不順服上帝在天國中授命的領導模式。

還有「人情世故的服事」。這種出於關愛的服事在今天已大大式微，但我們切不可輕看這些遍佈所有文化羣體的待人處世之道。這些在現代社會碩果僅存的古風，確認每個人的價值。我們「總要和平，向眾人大顯溫柔」(多三 2)。

宣教士深明人情世故的重要，他們進入村落之前，會好好自我介紹，廣結良緣，而非貿然闖進去大叫大嚷。今日我們在熟悉的社羣中，也不能免去這些禮數，不然沒有人願意聽我們講話，更遑論接受福音。

有人說：「人情世故？沒有意義，虛偽造作！」這實在錯得離譜。人情世故大有意義，一點也不虛偽造作！只要我們不要以自我為中心，以為人家對我們說「你好嗎？」，就真的想知道我們近況。這樣，我們就會發現，其實對方只是讓我們知道他/她看見我們罷了，我們只要讓對方知道我們也看見他/她就好了，毋須向對方細數自己的近況！「謝謝」、「麻煩你了」、致謝信、邀請信等，都關乎人情世故，具體做法各有不同，可是目的如一：尊重別人，珍惜別人。在今天日益電腦化、非人化的社會，人情世故的服事更形重要。

還有「款待的服事」。彼得勸誡我們「要互相款待，不發怨言」(彼前四 9)。保羅也有同樣的勸誡，甚至以此為作監督的條件(提前三 2；多一 8)。今日基督徒很需要學習向人開放自己的家。隨著汽車旅館和餐館愈開愈多，家中的客房似乎是過時的事物了，但我不知道這究竟是進步還是退步。我曾在加州走訪不少西班牙傳道院(Spanish missions)，他們為訪客安排的食宿，令人感到溫暖且舒適——相比之下，那些新穎、閃亮、非人化的汽車旅館，也許更應該被淘汰。

我認識一對夫婦，他們將款待的服事看為生命中的要事。他們的家一個月可以款待七十人！他們相信這是上帝呼召他們做的差事。也許我們大多數人做不到這麼多，但總可以做少許，從小做起。

有時我們不想款待人，這可能是因為我們將事情想得太複雜。我曾接受一個家庭款待，女主人忙箇不停，在我們面前忙得團團轉，她是真心希望人人舒適愉快。終於，一個同行的朋友說了一句話，令大家很訝異(卻也同時鬆了口氣)，他說：「海倫啊，我不想要咖啡，也不想要茶，不想吃餅乾，也不需要餐巾——我只想見見你！你何不坐下與我們好好聊天呢？」有機會共聚分享，才是款待的要義。

還有「聆聽的服事」。「在基督徒團契中，最需要向人做的首個服事，就是聆聽。正如我們愛上帝是從聆聽祂的道(Word)開始的，愛弟兄也是從學習聆聽弟兄的話開始的。」[14] 我們很需要從彼此聆聽而得的幫助。要成為聆聽者，我們毋須首先受訓成為心理分析師。最重要的條件，是憐憫與忍耐。

不知道正確答案，也可以好好聆聽。事實上，正確答案反而往往是聆聽的障礙，因為我們會更在意提供答案，而不是細心聆聽對方。欠缺耐性、半心半意的聆聽，最容易冒犯分享者。

聆聽他人，有助自己安定心神，管束心思後再聆聽上帝，而且會在心底引發改變，轉變自己的喜惡，甚至重新調整人生優次順序。若發現自己開始厭倦聆聽上帝，我們可以藉著默默聆聽他人，看看能否聽到上帝藉著他人向我們說話。「若有人覺得自己的時間太寶貴了，不能花在守靜上，至終他也不會花時間在上帝和弟兄身上，他只會花時間在自己及自己的愚行上。」[15]

還有「彼此分擔重擔的服事」。「你們各人的重擔要互相擔當，如此，就完全了基督的律法」(加六 2)。「基督的律法」是愛的律法，雅各稱之為「至尊的律法」(雅二 8)。我們分擔彼此的傷痛與患難，與哀哭的人同哭，愛人的心就得以完全。尤其當我們與走在死蔭幽谷者同行，同聲一哭，這往往比千言萬語寶貴得多。

我們若是真心關懷，必能學會互相承擔各人的憂傷。我提到「學」，因為這是需要學習的操練。大多數人以為只要我們決定分擔別人的重擔，就自然能夠做到，於是嘗試一段日子，無奈很快發現喜樂全消，心頭被對方的哀愁籠罩。然而這不是必然的，我們真的可以學會擔當別人的重擔而不被壓垮。耶穌擔負了整個世界的重擔，卻仍然可以說：「我的軛是容易的，我的擔子是輕省的」(太十一 30)。我們能否學會將別人的愁苦與傷痛，交付溫柔有力的耶穌手中，因此自己的擔子得以輕省？能夠的，不過需要操練——在衝進人羣擔起整個世界的重擔之先，讓我們謙卑地從小做起。我們可以在某個不起眼的角落開始學習，耶穌會做我們的師傅。

最後是「彼此分享生命之道的服事」。杜赫蒂建立的「荒漠」事工（譯註：參本書第七章〈獨處〉）有一個守則：進入靜默與獨處之荒漠的人，是為了他人的益處。他們在荒漠裏從上帝領受的任何信息，都要與眾人分享。這是滿有恩惠的服事，因為沒有人可以盡聽上帝向人說的話。我們必須互相倚賴，才能領受上帝的整全信息。最小的成員也能從上帝領受信息——我們不敢輕看這服事。

當然，要向彼此宣告這些信息，是誠惶誠恐的事。上帝**會**向我們說話，但這並不保證我們可以正確地理解祂的信息。我們常將自己的話與上帝的話混為一談：「頌讚和咒詛從一個口裏出來！」（雅三10）。這個事實令人謙卑下來，驅使我們認真仰賴上帝。不過我們也不要因噎廢食，因為今日世代實在需要這服事。

復活的基督，極盼我們投身「手巾的事奉」。這事奉源於心的靜養，帶來生命、喜樂、平安。你可以從一個人們常用的禱告開始，在每日清晨祈禱：「主耶穌啊，正如祢所喜悅的，求祢引領人到我面前，接受我的服事。」

第三部

羣體的靈命操練

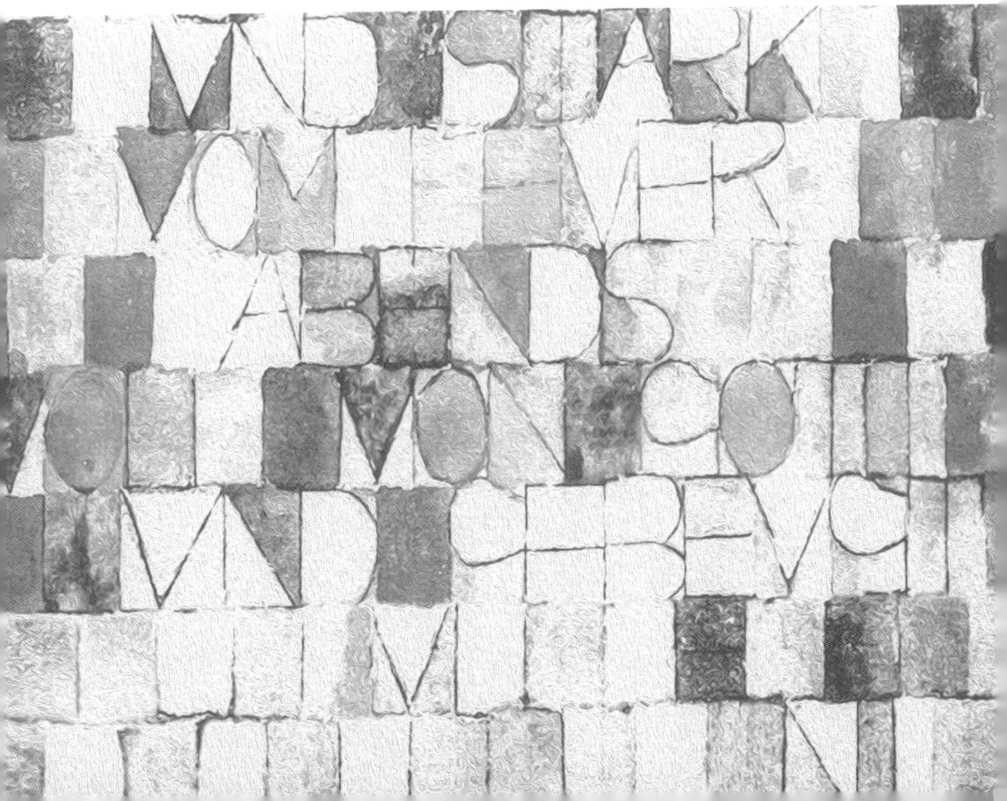

10

認罪

承認惡行，這是通向善行的第一步。

奧古斯丁

上帝的本性樂意施予、饒恕，因此，祂開展整個救贖歷程。救贖在十字架上成就，而耶穌從死裏復活則確認了這救贖。一般人對耶穌被釘十字架的印象大致如此：世人太糟糕、太差勁了，上帝因此怒不可遏，除非有重量級人物站出來，承擔所有罪債，上帝才肯饒恕世人。

然而，這印象與事實有天壤之別！耶穌走向十字架是出於愛，不是為平息上帝的忿怒。各各他的故事，背景是上帝願意饒恕世人，而非對世人坐視不顧。耶穌知道藉著祂的代罪，可以將全人類的罪惡背在身上，然後醫治、饒恕、救贖全人類。

所以耶穌在十字架上堅拒鎮痛劑，因為祂要在全然清醒的狀態下施行救世大功。這是極大的奧祕：祂要將全人類的罪過擔在自己肩上。耶穌是永在的主，因此祂救贖的不但包括當時在場的人，祂還將過去、現在、將來的一切暴行、恐懼、過犯擔在己身。這是耶穌最重要、最神聖的職事，這職事令認罪和赦罪變得可能。

有人以為當耶穌高呼「我的上帝，我的上帝，為甚麼離棄我？」，那是祂的軟弱時刻（可十五 34）。斷然非也！那是耶穌最得勝的時刻！耶穌與天父的相交從不間斷，但在那一刻卻全然與人感同，實際體現了罪，如保羅所言：「上帝使那無罪的，替我們成為罪……」（林後五 21）。耶穌擔當了這邪惡世代的一切幽暗權勢，以祂的同在所帶來的光輝，逐一將所有幽暗權勢擊潰。耶穌與人類罪過感同的那一刻，體驗了被上帝離棄的滋味。惟有如此，祂才可以救贖罪人，那實在是祂最得勝的時刻。

耶穌成就了一生最大的功，終於舒一口氣，「成了！」祂喊道。祂的救贖大功已然成就。祂感受著人類劫難的最後殘迹從身上流過。從邪惡、敵意、忿怒、恐懼而來的最後的痛苦，終於離祂而去，祂能夠重投上帝同在的光中。「成了！」大功告成。其後不久，祂可以將靈魂交在天父手裏。

祂血傾流洗我罪垢；
祂眼緊閉展示上帝；
惟願普世俯伏領受：
惟獨上帝愛人若此。

明谷的伯爾納鐸

這救贖大功是極大的奧祕，原本藏在上帝心中。我知道這極大的奧祕是真實的，不但因為這是聖經的啟示，更因為我親眼看見救贖功效在許多人生命中發生，包括我自己。這為我們提供了認識的基礎，讓我們知道認罪與赦罪，確乎能夠改變人生。如果沒有十字架，認罪就不過是心理治療，但認罪當然遠不止於此。在客觀方面，認罪改變了我們與上帝的關係；在主觀方面，認罪在我們心底帶來轉變。認罪帶來醫治，也帶來靈性的改變。

「但基督被釘十字架、為世人贖罪，這不是關乎拯救嗎？」你可能會這樣問。這當然關乎拯救，但拯救在聖經中的含義，遠遠超乎「誰歸信基督？」或「誰可上天堂？」。聖經看拯救為事件，同時也是過程。保羅對歸信基督的人說：「……當恐懼戰兢做成你們得救的工夫」（腓二 12）。約翰．衛斯理有一篇講道題為「信徒的悔改」，論到基督徒一再需要上帝的赦罪恩典。操練認罪，就是幫助信徒「長大成人，滿有基督長成的身量」（弗四 13）。

你可能又會問：「但認罪不是恩典嗎？怎麼是靈命操練呢？」二者皆是。若非上帝賜下恩典，真心認罪是不可能的；但認罪也是靈命操練，因為需要練習。認罪是一連串刻意、自覺的行為，引領心靈進到全能者的蔭庇下。

問題又來了：「認罪為甚麼是『羣體的靈命操練』？我還以為它是個人與上帝之間的事呢。」答案並非「或此或彼」，而是「二者皆是」。聖經有個相關的教導，是宗教改革強調的主題：「在上帝和人中間，只有一位中保，就是降世為人的基督耶穌」（提前二 5）。另一個重要的聖經教導，是今日信徒重新注意到的：「你們要彼此認罪，互相代求。」(雅五 16)。兩個都是聖經教導，兩者信息並行不悖。

認罪是艱難的靈命操練，因為我們太習慣將信徒羣體視為聖徒的團契，而忘卻了它也是罪人的團契。我們以為其他人在成聖路上遙遙領先，而我被遠遠拋離在後頭，處於罪惡當中。我們不願意向人揭示自己的失敗和軟弱，因為好像只有自己還未踏上通往天堂的康莊大道。所以我們將真我隱藏，只以謊言與虛偽的面具示人。

但若醒覺上帝的子民首先是罪人的團契，我們就可以釋懷，得聽上帝大愛那毫無條件的呼召，並得以在弟兄姊妹面前認罪。我們知道自己並非孤身處於罪中，那些像藤壺一般緊貼心頭的恐懼與驕傲，同樣緊貼弟兄姊妹心頭。我們都是罪人！能夠互相認罪，就能釋放醫治大能。人性不再被否認，而是得到轉化。

饒恕的權柄

耶穌基督的門徒獲賜權柄，可以奉主名互相認罪，彼此饒恕。「你們赦免誰的罪，誰的罪就赦免了；你們留下誰的罪，誰的罪就留下了」(約二十 23)。何等奇妙的權利！我們為何推卻這賜予生命的職事呢？如果我們得以赦免他人是出於上帝的恩典，而非來自我們的功勞，我們豈敢收起這莫大的恩賜？潘霍華說得好：「我們的弟兄……是上帝所賜，為要幫助我們。他代表基督，聽我們認罪，又奉基督之名赦免我們的罪。他替我們保守祕密，正如上帝替我們保守祕密。我向弟兄認罪，就像向上帝認罪一樣。」[1]

上述權柄斷不會消滅個人向上帝認罪的價值或功效。個人毋須借助任何人為中保，也可獲得從十字架而來的新生——這是好得無比的真理。在宗教改革的時代，這信息為教會帶來新生氣息，號召信徒打破中世紀教會認罪體制的捆綁與操控。但我們必須記住，就算是馬丁．路德，也深信弟兄姊妹彼此認罪的功效，他在《基督徒大問答》（*Large Catechism*）寫道：「因此，當我勸誡你們認罪，其實是在勸誡你們成為基督徒。」[2] 我們也不要忘記，昔日教會引進認罪體制時，曾經引發一股復興風潮，人人熱切追求敬虔與聖潔。

有人藉著私下向上帝認罪，得以經歷饒恕，脱離一些難纏的罪，這實在值得慶賀，因為這是上帝憐憫的明證。不過，這不是每個人都有的經歷。有些情況是，我們已經向上帝祈求，甚至乞求饒恕；雖然我們心底希望獲得饒恕，無奈始終不能釋懷。我們認罪過後，還是懷疑自己是否已獲饒恕，因此挫敗不已。我們心中恐懼自己不過是在向自己認罪，而不是向上帝認罪。罪的哀愁和傷痛仍然存在，揮之不去，因此我們覺得上帝只會赦罪，不會醫治記憶——但我們心底又覺得上帝的饒恕應該不止於此！人們告訴我們説，要憑信心領受饒恕，斷不可以上帝為説謊的。我們當然不想以上帝為説謊的，也願意憑信心領受饒恕，但因為心底仍存苦澀與怨恨，難免又再落入絕望中。最終我們只能相信兩種可能：要麼上帝的饒恕不過是上天堂的通行證，與現世生活無關；要麼我們根本配不上上帝的赦罪之恩。

如果你某程度上認同我的體會，我想給你一點鼓勵：我們這些私下向上帝認罪的人，並非徒勞無功，上帝的恩也沒有落空。《公禱書》(*Book of Common Prayer*) 有這麼一段勉勵的話，記在關乎自省與悔改之呼召的章節裏：「你們當中有誰在自省與悔改後，仍難平伏良心的聲音，仍需要安慰與指導，就要進到傳講上帝話語的牧者面前，傾吐心中的愁苦……」[3] 上帝賜我們弟兄姊妹，他們是基督的代表，幫助我們確認上帝的同在和饒恕。

聖經告訴我們，所有信徒在上帝跟前都是祭司：「你們是被揀選的族類，是有君尊的祭司……」(彼前二9)。在宗教改革的時代，這道理被稱為「信徒皆祭司」。舊約祭司其中一個職務，是藉著獻祭為百姓向上帝祈求赦罪。新約希伯來書講得很清楚：耶穌基督是終極而完滿的祭牲。耶穌又將祭司的職分賜予我們，那職分就是使自己及他人確認耶穌基督為世人所獻上之贖罪祭的功效。藉著弟兄姊妹向我們發出的宣告，我們可聽到饒恕的信息，並讓赦罪的功效在生命中生發。潘霍華說：「人向弟兄認罪，就確知自己不再孤單；藉著與弟兄同在，他經驗到上帝的同在。我私下向上帝認罪，一切仍在暗中；但我向弟兄認罪，我的罪就顯露在光中。」[4]

固定的認罪形式被稱為告解或懺悔聖事（sacrament of penance）。雖然許多基督新教徒(包括我自己)未必對那些認罪形式感到自在，但它們實在有益處。其一，固定的認罪形式斷不容許託詞或特殊情況，人人必須承認自己的罪責，是我們自己鑄成大錯。罪就是罪，不是判斷失誤；犯罪是自己的過錯，不能諉過家境、家人、鄰舍等。固定的認罪形式是最好的「事實療法」(Reality Therapy),因為我們太慣於諉過其他人、其他事,就是不肯承擔犯罪的責任。

其二,在告解中,我們可以期待獲得饒恕,並在其後可聽到赦罪的宣告。赦罪的宣告來自聖經的話:「我們若認自己的罪,上帝是信實的,是公義的,必要赦免我們的罪,洗淨我們一切的不義」(約壹一9)。認罪者可以得到清晰且具有權柄的確據:你已經獲得饒恕,你的罪已得赦免。弟兄姊妹奉基督的名向我們宣告赦免的恩,有聖靈的印證為確據。

其三,制度化的告解強調懺悔的元素。懺悔若被視為賺得罪赦的手段,是危險的;但如果懺悔成為一個機會,讓我們停下來,檢視犯罪的嚴重性,那麼它就是有益的。今日,我們對自己干犯了上帝的愛這件事,實在過於掉以輕心。只要能夠稍微感受上帝對罪的憎厭,我們的生活必然聖潔得多!上帝對我們說:「你們切不要行我所厭惡這可憎之事」(耶四十四4)。懺悔,就是幫助自己好好思想、感受罪的醜惡。

當然,上述益處不一定要藉固定形式的告解才可獲得。事實上,當我們看清自己的本相,就能進而看到認罪職事是一眾上帝子民所共享的。認罪職事應該如何踐行?不如我先講個實例,加深大家的了解吧。

認罪日誌

雖然我在聖經讀到「彼此認罪」的職事,但我從沒有親身體驗過——直到我牧養第一家教會。要向人敞開內心世界是艱難的，我踏出那一步，並非出於甚麼重擔或罪疚感；事實上，我不覺得自己的生命有何過失——除了一樣：我希望有更多能力做有關上帝的工作，面對我要處理的許多問題和需要，我深感力有不逮。我覺得還有一些靈性資源是我未曾涉獵的。(其實當時我已經歷過所有「聖靈經驗」——總之你說得出的經驗，我都經歷過了！)我向上帝禱告說：「主啊，還有甚麼是祢想我經歷的？我渴想被祢征服，被祢掌管！若有甚麼攔阻祢的能力在我的生命湧流，求祢讓我知道。」上帝真的讓我知道了——不是透過耳能聽到的聲音，而是在我心中生發一種印象(impression)，提醒我，也許我生命中某些往事攔阻了主的生命在我身上湧流。因此我想出一個對策：我將自己過往的人生分為三個時期：童年、少年、成年。第一天，我在上帝面前禱告默想，拿著鉛筆和紙，我求上帝向我顯明童年時經歷過的、如今需要饒恕及/或醫治的事。我全然靜默了大約十分鐘，然後將所有在意識中出現的童年往事記下——僅僅記下，不作任何分析或道德判斷。我的信念是：上帝會向我啟示所有需要祂醫治的事。我記下一切後，就將紙筆擱在一旁。第二天我做同樣的事，主題是少年往事。第三天，成年往事。

我帶著三天記下的事，去見一個主內弟兄。我一個禮拜前已跟他約好，所以他很清楚我們會見的目的。我講得很慢，有時萬分不情願，但我將記下的一切向弟兄道出，只在有需要說明時加少許解釋，讓弟兄明白我所犯的罪。我講完後，想將那張紙放回公事包，我的弟兄/輔導員/聆聽懺悔者溫柔地制止我，並將那張紙拿在手中。他不發一言，另一隻手取來一個廢紙簍，在我面前將那張紙仔細撕碎。我看著碎片落在廢紙簍裏，那是極有力的赦罪意象，接著是弟兄向我簡要宣告赦罪之恩。聖經說東離西有多遠，上帝叫我們的過犯離我們也有多遠。我感受到了。

然後弟兄按手在我頭上，為我祈求醫治，除掉過去的愁苦與傷痛。那個禱告的功效，今天仍活現在我生命裏。

我不能說自己經歷了甚麼戲劇化的感受，我真的沒有。對我來說，整件事不過是順服上帝的一個行動，且沒有絲毫被強迫的感覺。但我確信這次行動透過我前所未知的方式釋放了我，我似乎因此能夠探索一些關乎聖靈的未知領域。那次認罪後，我開始進行本書所講的幾樣靈命操練，而且頗有果效，是我從未經歷過的。兩件事是否有關連？我不知道。老實說，我也不大關心答案，總之，能夠順服來自上帝的感動，已經足夠。

我那次認罪還有一個饒有意思的餘波。我向那位弟兄揭露過錯軟弱後，明顯也為他的心靈帶來釋放。他為我禱告後，也向我透露了他自己所犯的一個重大罪過，是他從不敢讓人知道的。自由生發了自由。

怎樣向人認罪？

聖經說：「我們愛，因為上帝先愛我們。」不僅如此，我們能夠向人認罪，也全然因為並尤其因為上帝先愛我們（約壹四19）。當我們感受到憐憫與恩惠，就會生出悔罪的心，引發認罪的行動。先知何西阿形容上帝以「慈繩愛索」（何十一4）牽引我們。我們滿有盼望，因為我們奔向的對象乃是慈父，祂等候我們這些浪子回頭，遠遠望見我們的蹤影，就動了慈心，飛跑過來擁抱我們，歡迎我們歸家（路十五 20）。祂最大的喜悅就是饒恕，每逢地上有一人認罪，祂都會跟天上的光明使者一同歡慶。

怎樣認罪？聖亞豐索（St. Alphonsus Liguori）説得好：「真誠的認罪必須做好三件事：省察良心、哀痛、立志遠離罪惡。」[5]

「省察良心，」* 史迪亞（Douglas Steere）説：「這是當一個人在上帝的凝視與默然大愛的同在中，恍然認清自己的罪，扎心不已，覺察一些事必須獲得饒恕、重返正軌，才可以繼續愛上帝——上帝的眷顧始終如一。」[6] 我們邀請上帝在我們心中動工，向我們揭示生命裏需要祂饒恕並醫治的事。

如何剖析自己，以面對上帝的凝視？我們必須面對具體的罪。概括地認罪可能有助減少屈辱與羞恥，卻難以醫治內心。昔日進到耶穌面前的人，都肯承認明顯的、具體的罪，並因此每項罪皆獲得赦免。當我們概括地認罪，我們極容易逃避真心悔疚。因此我們認罪時必須細數具體的罪。不過具體的罪並不等於外顯的罪，內心的罪一樣可以很具體：驕傲、貪財、忿怒、恐懼。同樣，肉體的罪也可以很具體：怠惰、貪食、姦淫、兇殺。你可以考慮我前述的方法，也可以效法馬丁．路德，以十誡為準繩省察自己。若有別的方法，當然也是可以的。

---

* 在昔日基督徒心中，「省察良心」是為了預備認罪，這與現代的世俗觀念差天共地，今人愛説「你要聽從良心的嚮導」。良心本身是敗壞了的，深受社會文化影響，因此在道德及信仰上，是最不可靠的嚮導。

當我們願意具體地認罪，切記過猶不及，不要鑽牛角尖，對自己的生活瑣碎細節作無盡自省。方濟各．沙肋爵的提醒合情合理：「你在認罪時若記不起所有芝麻綠豆小事，不用憂慮，正如人經常會不經意地跌倒，同時又能不經意地站穩。」[7]

「哀痛」是真誠的認罪所必要的。就認罪而言，哀痛主要不關乎情緒，雖然會涉及情緒。哀痛是對犯罪的憎厭，為傷透天父的心深深懊悔。哀痛首先關乎意志，其後關乎情緒。事實上，若只有情緒上的哀痛，在意志上卻欠缺因冒犯上帝而生的哀痛，反而會攔阻人認罪。

哀痛是認真對待認罪的一種表現。喬叟（Geoffrey Chaucer）在《坎特伯里故事集》（*The Canterbury Tales*）中戲謔一個祭司和一個認罪者，他們的態度正是這種態度的反面：

他喜孜孜地聽人認罪，
歡快地宣告赦免。[8]

「立志遠離罪惡」是真誠認罪的第三個要素。在認罪時，我們求上帝賜我們一顆渴慕聖潔生活、恨惡不潔生活的心。約翰．衛斯理說得好：「一無所畏，只畏罪惡；一無所求，只求上帝——給我一百個這樣的傳道人……就能撼動地獄之門，在地上建立天國。」[9] 預備認罪，其實就是向上帝尋求脱離罪惡的**意志**。我們必須渴慕被上帝征服、掌管——如果沒有這渴慕，就要渴慕獲得這渴慕！這渴慕是來自上帝的恩賜。向弟兄姊妹認罪之前，要尋求這恩賜。

這一切聽起來是否很複雜？你會否擔憂遺漏了甚麼要點，導致認罪失效？大致而言，分析好像很複雜，實踐卻簡單得多。你要知道天父的心：祂是牧羊人，為尋求一隻迷羊，願意捨棄一切。我們毋須做甚麼去贏得上帝的饒恕。事實上，是上帝在我們心裏動工，我們才會樂意尋求祂的饒恕。

論到預備認罪，還要補充一點：必須為自省設定具體的終止點，到了終止點就要停下來，不然很容易落入無休止的自我控訴。認罪始於哀痛，卻應該終於喜樂。要歡慶罪得赦免，因為生命獲得改變。

另一個很實在的問題是：向誰認罪？純粹從理論上講，每個基督徒都可以聽人認罪，但事實上並非每個基督徒都有足夠的同理心與理解能力。不幸的現實是，有些人似乎不能保守祕密。另外有些人接受不了某些罪過。還有些人根本不明白認罪的意義和價值，你向他認罪，他會滿不在乎地告訴你：「你所做的沒甚麼大不了嘛」！話得說回來，也有很多人是理解罪的惡果並樂意聽你認罪的，你要向上帝求問誰是合適者。你也要觀察身邊的人，看看誰顯得對上帝赦罪的大能滿有活潑的信心，心中滿有主的喜樂。重要的條件包括：靈命成熟、有智慧、有憐憫、有常識、能夠保守祕密、能開有益身心的玩笑。很多牧者——當然不是每一個——都符合這些條件，而許多時候，沒有事奉崗位、名銜的平信徒，也許更適合聽你認罪。

但如果有些罪行是你難於啟齒的呢？如果真的沒有勇氣面對

生命某個暗角，怎麼辦？我們只須對弟兄或姊妹說：「我需要你的幫助。我有罪並且想認罪，但我說不出口。」那位弟兄或姊妹可以「用一個簡單的方法，幫你驅除那隻在你心底要吞吃你的猛獸。讓他問你一些問題，你只須回答『是』或『否』。看啊！眼前的和那永恆的地獄都消失了！上帝的恩惠重臨你身，清潔的良心與主賜的平安，再次充滿你的生命」。[10]

怎樣聽人認罪？

正如一切屬靈職事，在聽弟兄姊妹認罪之前，必須做足準備工夫。

首先要學習活在十字架的清影中。潘霍華說：「任何活在十字架的清影中、靠著耶穌背負的十字架辨明世人及自己諸般邪惡的人，不會對任何罪惡感到詫異。如果我們看得到自己的罪——耶穌因此被釘十字架——有多不堪，就不會再訝異於弟兄的罪，哪怕是最不堪的罪。」[11] 就是這個原因，令我們不會被別人的認罪嚇壞或冒犯，也令我們不會覺得自己高人一等。我們認識人心的詭詐，也認識上帝的恩惠與憐憫，祂會接納我們的悔改。不論別人做過甚麼，只要我們看清楚罪的可恨，就會曉得自己在罪人中是個罪魁。

因此，無論別人說甚麼，都不能干擾我們——無論那是甚麼！當我們活在十字架的清影中，就算聽到最好的人認最壞的罪，我們也不會大驚小怪。我們能夠到達這境界，別人是察覺得出的，他們知道可以信任我們——無論他們揭露甚麼，我們都承受得起。他們知道我們不會輕慢他們，而是會體諒他們。

我們到達這境界，就毋須告訴對方我們會守祕密，因為他們知道我們斷不會出賣他們的信任。我們毋須信誓旦旦。事實上，我們也沒想過要出賣他們，因為我們知道他們走到這艱難的境地，原是出於屬天的哀痛。

在十字架的清影中，我們脫離了在屬靈的事上轄制別人的誘惑。我們是過來人，弟兄姊妹此刻的處境是我們曾經歷的，因此我們斷不會有乘人之危的惡慾。我們也不覺得需要控制對方、教訓對方，只會覺得要真心接納對方、明白對方。

為這神聖職事預備時，最好定時祈求基督的光在我們心中不斷照耀，以至面對別人時，基督的生命以及基督的光，可以透過我們照亮對方。要好好生活，以至就算我們僅僅出現在對方面前，也能彰顯上帝的愛與赦罪大恩。我們也要向上帝多求明辨的恩賜——這對我們服事認罪後的對方尤其重要，因為我們必須能夠察覺，對方心靈深處真正需要醫治的是甚麼。

重要的是，他人向我們傾吐心中愁苦時，我們必須勒住自己的舌頭。有時為了舒緩緊張的氣氛，我們會有衝動說一兩句不相干的評語，但這不但會分散注意力，甚至會損貶認罪的嚴肅氣氛。我們也切莫刺探不必要的過犯細節——如果覺得對方出於尷尬或恐懼欲言又止，最好的應對方法是安靜等候，為對方禱告。

我曾經聆聽一位姊妹認罪，她向我訴說她的哀痛。她說完了，我有感動要安靜等候。隨即，她向我坦承了一宗藏於心底的罪，是從來說不出口的。其後她告訴我說，在我安靜期間，她看了我一眼，似乎「見到」我眼睛上有另一對眼睛，那眼睛向她發出愛與接納的信息，因此令她坦然無懼地說出心底重擔。按我記憶，我當時沒有甚麼異樣感覺，也沒有「見到」甚麼，但我毫不懷疑她的經驗，因為她的確得到了奇妙的醫治。

這件事提醒我聽人認罪時另一樣須注意的事：聽人認罪期間，可以藉著禱告，將十字架放在你和對方之間，這既可以使對方免受你純粹從自己而出的情緒影響，也可以幫助你免受來自對方的負面影響——換言之，所有交流都有十字架的光輝過濾。你的憐憫可以藉著上帝的愛增強增多，變得更有活力。你乃是靠著十字架的能力為對方禱告。

整個認罪期間，當然你要不斷為對方禱告——要在心中默默進行，不讓對方察覺（發聲禱告會令對方難堪）。你要為對方不斷祈求愛與饒恕。你也要不斷求上帝使對方能分享「關鍵之處」，讓你找到對方需要基督醫治的癥結所在。

最後必須謹記的是：要為對方禱告，而非僅僅提供輔導。在禱告之前，或在禱告期間，要向對方重申：在耶穌基督裏，你的罪得赦免是真實而有效的事。我們可以用堅定且具權柄的字句和語調宣告赦罪，因為主已賜下祂的權柄（約二十 22、23）。*

---

* 耶穌的話告訴我們，我們不但有赦罪的職事，也有不赦罪的職事。「你們赦免誰的罪，誰的罪就赦免了；你們留下誰的罪，誰的罪就留下了。」不赦罪的職事，就是拒絕輕率地將人帶到對方還未預備好要去的地方。有時有些人太急於將人領進天國，以至對方還未考慮，甚至還未想到要尋求赦罪，他們已被告知他們的罪獲得赦免！不幸地，這似乎是時下許多福音事工的隱患。

上述禱告，是為醫治罪所帶來的內心創傷。在禱告之外，最好加上「按手」——按手是聖經教導的重要職事，是上帝向人施行賜生命的大能的方式（來六2）。要祈求上帝進到對方心思深處，醫治其過去的創傷。在祈求醫治的事上，要多運用想像力。要為對方得醫治獻上感恩。論到這職事，珊福德（Agnes Sanford）說：「透過這種禱告，雙方建立很深的默契。為人禱告者，深深感受到對方的感受，甚至從心底湧出憐憫的眼淚——這眼淚並非出於悲傷，而是出於喜樂。我們知道這眼淚不是自己的，而是源於基督的慈心——基督一直對這失喪者念念不忘；基督的喜樂滿溢，因為祂終於得到一個觸及這個祂深愛的人的途徑。」[12]

認罪的操練有助除去虛偽。上帝呼召教會眾人坦然公開承認人性的弱點，並且認識基督赦罪之大能大恩。誠實帶來認罪，認罪帶來改變。惟願上帝再度賜恩給教會，讓其重拾認罪的操練。

11
敬 拜

敬拜，就是以上帝的聖潔使良心復甦，以上帝的真理餵養心思，以上帝的美善潔淨想像，打開心門領受上帝的愛，專心致志於上帝的旨意。

湯樸威廉

敬拜是體驗「上帝的實在」(Reality)，觸摸「上帝的生命」(Life)；敬拜是在基督徒羣體中體悟、感受、經驗復活的基督。敬拜是闖進上帝的「顯榮」(*Shekinah*)——更準確的說法，是降服於上帝的顯榮。*

上帝主動尋找敬拜者。耶穌說：「真誠敬拜的人要以靈以真理敬拜父，因為父正**尋找**這樣敬拜他的人」(約四 23，《新漢語譯本》；粗體為引者所加)。尋找、吸引、勸說世人的，是上帝。敬拜是人對上帝行動的回應。在創世記中，上帝在伊甸園裏行走，尋找亞當和夏娃。十字架上的耶穌吸引萬人歸向祂(約十二 32)。

---

* 「顯榮」指的是上帝的榮耀或光輝顯於祂的百姓，它意味著上帝的同在是祂的百姓觸手可及的——祂不是一位抽象或冷漠的上帝。

上帝不斷開展、修補、維繫祂與祂的兒女的關係，聖經滿載這些例子。上帝就像那個浪子的父親，遠遠看見兒子走來，就跑過去迎接他歸家。

敬拜是我們對天父愛的序曲的回應，精義所在是「以靈以真理」。惟有當上帝的靈觸及我們的靈，我們心中才會燃起敬拜的火焰。形式與禮儀不能產生敬拜——廢除形式與禮儀也不能。我們可能掌握了一切正確的技巧與方法，有最好的禮儀，卻仍未能敬拜主——除非聖靈觸摸人的靈。有一首詩歌的副歌歌詞說：「使我靈自由，讓我能敬拜你」，這句話道出了敬拜真義。除非上帝觸摸、釋放我們的靈，否則我們不能進到敬拜的境地。歌唱、祈禱、頌讚引領我們敬拜，但敬拜遠遠不止於這些。我們的靈必須由上帝點燃，才會燃燒起來。

因此我們不必太在乎敬拜的正確形式是甚麼。所謂高派禮儀、低派禮儀、這形式、那形式，都屬微枝末節。我斗膽這樣斷言，是因為新約聖經根本沒有指定任何敬拜形式。我們在新約聖經所見的自由，其實令人相當詫異，因為畢竟猶太人有極深厚的會堂敬拜禮儀傳統。他們觸及了實在。當聖靈觸及人的靈，形式就變成次要的課題。

我說形式次要，不是說無關重要。只要我們仍是有限的血肉之軀，就仍需要形式。我們必須有「皮袋」盛載敬拜的經驗。不過形式不等於敬拜，它只能引導我們敬拜。在基督裏，我們有自由使用任何有助敬拜的形式。同樣道理，任何攔阻我們經驗永活基督的形式，都不是好的形式。

敬拜的對象

耶穌告訴了我們人應該敬拜誰。「當拜主——你的上帝，單要事奉他」(太四10)。亞伯拉罕、以撒、雅各的上帝，是獨一真神，也是耶穌基督所啟示的上帝。上帝對拜偶像的憎厭，見於十誡中第一誡那斬釘截鐵的警誡：「除了我以外，你不可有別的神」(出二十3)。拜偶像不限於膜拜可見的偶像，陶恕說：「拜偶像的本質，是以低於上帝要求的標準來看待上帝。」[1] 簡言之，能正確看待上帝，就能正確看待萬事；不能正確看待上帝，也就不能正確看待萬事。

我們極須認識上帝是誰：研讀祂古時怎樣向祂的子民以色列啟示自己；默想祂的屬性；凝視祂在耶穌基督中彰顯的性情。當我們見到萬軍之耶和華「坐在高高的寶座上」，當我們思想祂無窮的智慧與知識，當我們驚詫於祂無法測度的愛與憐憫⋯⋯我們不禁開口頌讚祂的榮耀：

> 祢的屬性使人欣悦，
> 至榮至尊難以估量。[2]

當我們見到上帝是誰，我們會即時認罪！昔日以賽亞見到上帝的榮光，不禁喊道：「禍哉！我滅亡了！因為我是嘴唇不潔的人，又住在嘴唇不潔的民中，又因我眼見大君王——萬軍之耶和華」(賽六5)。在上帝的榮耀聖潔之前，人的罪貫滿盈無所遁形。當我們見到上帝的信實，人的不可靠也就顯然可見。了解上帝的恩典，也就能夠了解人的罪疚。

我們敬拜主，不但因為我們知道祂是誰，也因為祂的作為。聖經中的上帝，是一位不斷作工的上帝。祂的良善、信實、公義、憐憫，盡顯於祂如何對待祂的子民。祂的恩惠不但鐫於古代歷史，也記在我們每個人的故事之中。使徒保羅說得好，人對上帝惟一合理的回應，就是敬拜祂（羅十二 1）：頌讚祂的一切屬性，稱謝祂的作為。

敬拜為首務

上帝既然是我們的主，敬拜就要成為我們人生的首務。耶穌論到**最大的**誡命說：「你要盡心、盡性、盡意、盡力愛主——你的上帝」（可十二 30）。上帝希望我們將敬拜設為首務，其次才是服事。我們的生命要充滿頌讚、稱謝、愛慕。服事源於敬拜，服事若取代了敬拜，就淪為拜偶像。妄動是愛慕的敵人。

利未家祭司的主要職責是親近耶和華、事奉耶和華（結四十四 15）。對舊約祭司來說，事奉上帝先於一切職務。在「信徒皆祭司」的新約時代，這原則依然如舊。人人都會面對的一大試探，是四處奔走服事眾人，卻沒有事奉主。

就在今日，上帝呼喚教會重拾敬拜。高派教會重新對親近上帝產生興趣，低派教會重新對傳統禮儀產生興趣。其他教會可能對兩樣都有興趣。我們彷彿聽到上帝發聲：「我要重奪我子民的心！」若我們渴慕走上帝所走的路、做上帝所做的事，就要操練更有深度、更真誠的敬拜。

敬拜的預備

聖經中的敬拜有個顯著的特質：上帝的子民聚集時，總帶著一種期待，我們只可稱之為「神聖期待」（holy expectancy）——他們相信自己會聽到上帝的聲音（*Kol Yahweh*）。當摩西進入會幕，那一刻，他確知自己進到上帝的同在中。初代教會也一樣，他們感應到上帝的大能使聚會的樓房震動時，一點也不以為怪，因為同樣的事曾經發生（徒二2，四31）。當上帝的話臨到，有人仆倒斷氣，有人從死裏復活，會眾因此知道上帝在他們中間（徒五1～11，九36～43，二十7～10）。初代基督徒聚會時，都知道聖殿裏的幔子已經從上到下裂為兩半，所以人人都能夠效法摩西和亞倫進入至聖所。他們再不需要地上的中保。他們如今可以進到那位可畏、榮美、慈愛的永生上帝面前。他們聚集，滿心期待，知道基督與他們同在，親自教導他們，以祂的永活大能觸摸他們。

怎麼培養這種「神聖期待」？當我們的心進入上帝顯榮之處，「神聖期待」就在我們心中生發。在日常生活作息中，我們的心充滿了對上帝的敬拜、愛慕。我們上班、玩樂、飲食、睡覺，與此同時，我們不斷聆聽天上老師的教誨。勞百克的寫作正好流露出這種活在全能者蔭下的生命特質。「在今天的神蹟中，最大的是這個：我明白了，在工作中聆聽祢的話，是最能尋著祢的方式……主啊，感謝祢，要養成與祢不斷交談的習慣，一天比一天容易。如今我真的相信我的所思所想，**全部**都可以成為與你的交談。」[3]

勞倫斯弟兄也有同樣的經歷，他在廚房中經驗到上帝的同在，因此他知道他在彌撒中也會同樣經驗到上帝的同在。他寫道：「我難以想像的是，那些虔誠人如果不操練與上帝同在，如何活得滿足？」[4]那些在日常生活中體驗過上帝顯榮的人如果不「操練與上帝同在」，不可能活得滿足。

我曾經從勞倫斯弟兄和勞百克的體驗得到啟迪，決意用一年時間，學習在日常生活中不斷敞開心懷，聆聽耶穌的教誨。我先學習耶穌的語言：祂是否透過小鳥的歌聲，或某一張憂愁的臉向我說話？我又學習讓耶穌參與我的每個動作：我寫作時握筆的姿勢、我講話的聲線。我的願望，是心中可以時時刻刻充滿對主的愛慕、頌讚、稱謝。有時我會忘卻主幾個鐘頭，甚至好幾天，但我屢敗屢戰，始終沒有放棄。那一年我獲益良多，但我最大的獲益，是崇拜時對主有更高的期待。其實這是再自然不過的吧：主既然滿有恩慈地在平日許多小事上向我說話，祂當然也會在崇拜中向我說話。再者，我發現自己愈來愈容易在生活的喧鬧中，辨明主的聲音。

即使只有一兩個人帶著「神聖期待」出席崇拜，整個會場的氣氛也會有所改變。原本煩躁分心的人，很快能夠在主的同在中安定心神。他們的心思意念都得到提升，人人帶著期待參加聚會。

要令心中生發「神聖期待」，方法是：在平日要做天國的繼承者，聆聽主的聲音，遵行主的話。你既然在平日聽到了主的聲音，那麼在崇拜中，也自然會聽到主的聲音。論到實際踐行，可嘗試在崇拜開始前十分鐘就座，帶著愛慕之心迎見榮耀君王。默想上帝在耶穌基督身上彰顯的偉大、榮耀、溫柔。想像以賽亞所見的奇妙異象——主「坐在高高的寶座上」(賽六章)，或是約翰所見的大啟示——基督「眼目如同火焰……聲音如同眾水的聲音」(啟一章)。求主向眾人顯出祂的同在。

然後，我們求基督光照牧者及崇拜主席。想像上帝的榮光環繞他們。求主釋放他們的舌頭，能夠靠著主的大能，勇敢傳講真理。

當會眾陸續就座，留意四周的人，看看有誰需要你為他們禱告——也許有人垂頭喪氣，也許有人臉帶愁容，求主同在的榮光照亮他們。想像重擔從他們肩上卸下，就像本仁．約翰(John Bunyan)筆下天路客的經歷。在整個崇拜中特別記念他們。即使會眾中只有少數人這樣做，整個羣體的敬拜經驗也會很不一樣。

初代基督徒羣體另一個主要特質，是他們在敬拜中有很強的「相聚」意識。其一，他們真的聚集成為一個羣體；其二，他們聚集成為一個合一的屬靈羣體，這種合一超越了他們的個人主義。

與許多東方宗教相比，基督信仰向來十分強調羣體的敬拜。就算在極危險的景況中，初代信徒羣體對信眾仍有清晰的勸誡：不可停止聚會(來十25)。新約書信多番稱呼信徒羣體為「基督的身體」。身體沒有頭、手、腳，是難以想像的；基督徒不相往來，獨立自處，也是難以想像的。馬丁．路德說得好：「在家中，就是我的住所，我心中沒有熱力或活力；但在教會，當信眾聚集一起，我心中就有火焰燃起，以至發出熱和光。」[5]

其三，當上帝的子民聚集一起，會追求這樣的境界：「有一樣的心思，有一樣的意念」(腓二2)。凱利說：「上帝活躍的同在貫穿我們，打破個別生命的藩籬，消除隱密與隔阻，將我們的心靈，融入上帝那超越個體的生命與大能之中。上帝客觀的、有力的同在，將我們眾人包圍，滋潤我們，賜我們愉悅及難以言喻的撫慰，在我們靈魂的深處把沉睡中的我們喚醒。」[6] 當我們誠心聚集敬拜，會遇見獨自一人不會遇見的事。羣眾的心理會相互影響，這當然是事實，但事實遠不止於此。這是屬天的彼此交匯，是聖經作者所說的團契(*koinonia*)，是在聖靈之大能裏的深度相交。

這種經驗遠遠超越「團隊精神」(*esprit de corps*)。它完全不是建基於同一種文化或階級背景，甚至不是建基於對成員的生活的認識；它是從上帝而來的融化力量，將眾人的分隔打破。在聖靈的大能中，人人「籠罩在一種合一與上帝的同在之中，無言無語，那是一種說不出的平靜安穩與互相結連，它被包裹在一個更大的生命之中。」[7] 這種「團契—敬拜」(fellowship-in-worship)令那些以各種媒介打造出來的敬拜顯得索然無味，淺薄無趣。

敬拜的領袖

真正的敬拜只有一個領袖，就是耶穌基督。我說耶穌基督是敬拜的領袖，首先，我的意思是，永活的基督與祂的子民同在，祂的子民內心聽得到祂的聲音，感受得到祂的同在。我們並非只在聖經中讀到祂，也藉著啟示認識他。祂願意教導我們、指引我們、責備我們、安慰我們。

其次，永活的基督在祂所有的職事中彰顯。在敬拜中，我們專注於基督的祭司職事——祂是拯救者、贖罪者，當然祂也是我們的先知、我們的君王。祂教導我們何為公義，也加力給我們，幫助我們行義。喬治．福克斯說：「你們要奉耶穌的名聚集……祂是你們的先知、牧者、監督、祭司；祂在你們中間，向你們展開雙手，使你們成聖，賜你們生命，加力給你們。」[8]

再者，永活的基督在祂所有的大能中彰顯。祂不但救我們脱離罪的結果，也救我們脱離罪的轄制。祂教導我們，同時賜我們能力，得以遵行祂的教導。耶穌是我們的領袖，所以我們理應在敬拜中期待神蹟發生。不論是內在還是外在的醫治，都應該是常態而非例外。使徒行傳不應該只是讀物，也應該是我們的經歷。

最後，基督是敬拜的領袖，意思是應該由祂決定用甚麼敬拜方式——惟獨由祂決定。誰講道、誰説預言、誰唱詩、誰禱告，都由基督喚引。由此看來，個人名聲根本沒有機會在敬拜中提升，惟獨耶穌配得尊崇。耶穌是永活的元首，喚引眾人欣然領受，並自由行使各樣聖靈的恩賜。也許某人發出知識的言語，揭示了心中的想法，因此眾人知道耶穌在我們中間作王。也許有人説預言或發出勸勉，叫我們心頭一震，知道那是上帝的聲音。由永活教會元首喚引的講道或教導，能為敬拜帶來生命氣息；不由上帝啟導的講道，不過是鳴的鑼、響的鈸，使敬拜死寂一片。發自內心的講道，燃點會眾心中那敬拜的靈；發自頭腦的講道，令會眾心中的火熄滅。由聖靈啟導的講道，比任何事更能甦醒人心；由人想出來的講道，比任何事更使人死氣沉沉。

我們強調基督是敬拜的領袖，不等於說人的帶領不重要，斷乎不是！如果上帝不興起受祂啟導的領袖，就是能夠帶著權柄與憐憫去帶領會眾敬拜的人，可以說，敬拜幾乎是難以進行的。所以聖靈要賜下各樣恩賜予帶領者（弗四 11）。蒙上帝呼召的敬拜帶領者千萬不可推卻這職事。會眾確乎需要有人帶領他們**進入**敬拜：從外院到內院，最後進到至聖所。上帝指派各類帶領者，引領祂的子民逐步進入敬拜中。

通往敬拜之路

我們視敬拜為靈命操練，因為敬拜是一套井然有序的行事為人方式，將我們帶到上帝跟前，讓祂改變我們。雖然我們只仰望聖靈的觸動所帶來的釋放，但也有一些合乎上帝心意的路徑，可以引領我們通往敬拜。

第一條通往敬拜之路，是必須制止一切由人策動的作為——靈修大師稱之為「受造物的活動」。這種制止不限於教會的崇拜，也必須成為我們的生活方式，遍及日常生活細節。我們要活在恆常、內在、不斷聆聽的安靜中，好讓上帝成為我們一言一行的本源。假若我們習慣仗賴人的力量智慧去應付日常差事，那麼我們在羣體崇拜中也會依樣葫蘆。但如果向來有操練，習慣平日在每個對話、每個生意交易中，都聽取上帝的聲音，在參與羣體崇拜時，對上帝的感應定必更敏銳。芬乃倫說：「藉著真誠的捨己，不斷將自我交在創造主手中，準備好做主吩咐的任何事，這樣的人有福了！他整天不住開口問道：『主啊，你想我為你做甚麼？』」[9]

這聽來是否天方夜譚？我們覺得不可能做到的惟一理由，是我們不以耶穌為永在的導師。我們若接受祂的教誨，一段時日之後就會知道，將生活一切作息溯本於上帝，是全然可能的事。早上醒來，雖仍躺在牀上，已經可以默默稱頌敬拜主。我們可以告訴祂，我們渴慕活在祂的帶領和治下。上班途中，可以問我們的導師：「今天早上我們表現如何？」主可能馬上讓你想起早餐時你對配偶說了尖酸的話，或是出門時對孩子漠不關心。我們能夠覺察自己放縱肉體的私慾，於是認罪，悔改，謙卑下來。

在加油站，聖靈可能感動我們，對加油站職員要以禮相待，嘗試問候他們，要視對方為活生生的人，而非工具。然後我們帶著喜樂的心繼續上路，深慶自己踏上了一條滿有聖靈提醒的人生路。觀乎我們一天，總是充滿感動與攔阻，有時緊隨主道，有時落在主後。就像初學走路的小孩，我們跌跌碰碰，成敗參半，但有信心那位永在的導師，將藉著聖靈引領我們進入一切真理。如此我們明白了保羅的教導「不隨從肉體、只隨從聖靈」（羅八4）的真正意思。

制止肉體的策動，讓聖靈主導我們的生活，這有助塑造羣體崇拜。有時聖靈要我們全然安靜。誠然，在永活聖者跟前，心存敬畏、安靜守候，強於心思歪曲、巧舌如簧。聖經的教訓是：「惟耶和華在他的聖殿中；全地的人都當在他面前肅敬靜默」（哈二 20)。沙漠教父阿矛那(Ammonas)説:「看啊!親愛的,我已經向你們表明守靜的力量——它帶來醫治,且全然蒙上帝喜悅⋯⋯守靜令聖徒得以成長⋯⋯藉著守靜,上帝的能力與他們同在,上帝的奧祕向他們揭示。」[10]

頌讚是通往敬拜的另一路徑。詩篇是關乎敬拜的著作,其中一大特色,就是滿載頌讚之辭。「頌讚主!」是整卷詩篇中不斷回響、前後呼應的語句。歌唱、呼喊、跳舞、歡欣、愛慕⋯⋯這些都是頌讚的語言。

聖經吩咐我們應當「常常以頌讚為祭獻給上帝,這就是那承認主名之人嘴唇的果子」(來十三 15)。舊約要求百姓獻上牛羊為祭,新約要求我們獻上頌讚為祭。彼得説,我們既然藉著基督成為有君尊的祭司,就要獻上「靈祭」,「宣揚那召你們出黑暗入奇妙光明者的美德」(彼前二 5、9)。彼得和約翰受了刑杖,離開猶太公會時,仍是滿心頌讚(徒五 41)。保羅和西拉在腓立比獄中唱詩頌讚主(徒十六 25)。這些人都是獻上頌讚為祭。

在二十世紀,靈恩運動是興起頌讚的最大力量,上帝使用這運動,令數以百萬計信徒獲得更新。近來耶穌基督教會也更注意到頌讚在帶領我們進入敬拜這方面所扮演的重要角色。

在頌讚中,我們看到敬拜極需情感的投入。只關乎頭腦的敬拜,是一種失常。感受是人性所必需的,我們理應在敬拜中有所感受。這不等於説敬拜要漠視或扭曲我們的理性思維,而是説單憑理性思維是不足夠的。保羅提醒我們,要用靈禱告,也要用悟性禱告;要用靈歌唱,也要用悟性歌唱(林前十四 15)。上帝賜下說方言的恩賜，其中一個原因是：它可以幫助我們超越純理性的敬拜，在內心深處與天父交通。我們外在的頭腦可能不明白方言說的是甚麼，但內裏的靈明白。聖靈觸摸人的靈。

歌唱的作用是引領我們進入頌讚，歌唱是表達情感的媒介。透過音樂，人可以吐露歡欣與感恩。詩篇中至少有四十一篇吩咐人「向耶和華歌唱」。用心歌唱有助集中思想，精神變得專注，原本支離破碎的心神，得以匯聚歸一，全然歸向上帝。

上帝要求的敬拜，涉及我們全人。身、心、靈、情感，全都要放在敬拜的壇上。許多時候我們忘了在敬拜中，除了心、靈必須參與，身體也必須參與。

聖經描述敬拜，用的其實是關乎身體的字詞。「**敬拜**」的希伯來文，字根與「俯伏」相關。「**祝福**」直譯出來是「跪下」，「**稱謝**」的意思是「伸手」。在整本聖經中，我們可以找到各式各樣與敬拜相關的身體姿勢：俯伏、站立、跪下、舉手、拍手、舉目、低頭、跳舞、披麻蒙灰。重點是我們要獻上身體給上帝，正如我們獻上我們存有的其他一切。敬拜關乎身體，是理所當然的。

我們在敬拜中的姿勢，要與內裏的靈一致。站立、拍手、跳舞、舉手、抬頭，都是反映內心頌讚的姿勢。一臉嚴肅坐著不動，其實與頌讚的靈甚不相配。跪下、低頭、俯伏，這些姿勢反映出愛慕與謙卑的心。

有人會立刻反駁道：「人人脾性不同，你所講的只適合那些情感豐富的人。我天生文靜矜持，你所講的那種敬拜不能滿足我的需要啊。」然而敬拜的關鍵不是「甚麼可以滿足我的需要」，而是「上帝要求怎樣的敬拜」。毫無疑問，上帝要求全心全意的敬拜——全心全意的敬拜不僅關乎頭腦，也關乎身體，這是合情合理的推論。

很多時候我們的「文靜矜持」，不過是擔憂別人怎樣看自己，又或是不願意在上帝及他人面前謙卑下來而已。當然，人人脾性不同，但這不應攔阻我們以全人敬拜上帝。

話得說回來，用身體敬拜是重要的，但我們不可操控它。對別人的選擇，我們要給予充分自由，各人應當按心中來自上帝的感動作出回應。按我參與的眾多敬拜經驗，信徒坐定、站立、跪下、俯伏在地，聖靈都與他們同在。有人明顯情緒激動，有人情緒平靜舒泰，但顯然都有聖靈在他們的生命裏。「基督釋放了我們，叫我們得以自由。所以要站立得穩，不要再被奴僕的軛挾制」(加五 1)。

當然，就算盡做上述提及之事，也未必能進入敬拜——那些不過是路徑，讓我們有機會進到上帝跟前，祈求上帝觸動與釋放我們內心。

敬拜的步驟

敬拜是行動。你可以研究敬拜神學，辯論敬拜形式的優劣，這都是好事，但不應停駐於此。始終，學習敬拜的最佳方法是實踐。讓我給你幾個簡單的步驟，希望有助我們敬拜。

其一，天天操練與上帝同在。努力遵行保羅的吩咐：「不住地禱告」(帖前五 17)。時刻在心中默唸對主的愛慕、頌讚、稱謝。騰出時間進行個人敬拜、認罪、研經、聆聽基督——你的永在導師。這些都有助提升你對羣體崇拜的期待，因為羣體崇拜其實是你平日操練的延續與深化而已。

其二，要有不同的敬拜體驗。要有獨自敬拜上帝的時間。家庭小組不要只顧研經，也要一起敬拜上帝。定期與兩三個人聚集，學習以頌讚為祭。較小的聚會能為我們提供較大的聚會提供不了的體驗。上述體驗，可為主日崇拜帶來正面衝擊。

其三，想方設法，在羣體崇拜前做好準備。週末晚上早點睡覺；好好安靜省思、認罪；預先閱讀主日選用的詩歌和經文；在崇拜開始前早早抵達會場，祈求上帝的同在；將心中煩擾放下，好好投入聚會。

其四，樂意奉靠主的能力參與聚會。也就是說，學習放下自我的盤算、關注，不再著眼於能否蒙福、能否聽到上帝的話等。團契的精義不在「我」而在「我們」。我們必須順服上帝的道；必須彼此順服；必須渴望上帝的生命在羣體中興起，而不僅在個體中興起。若祈求更多屬靈恩賜，它們不一定非得在我們自己身上彰顯，亦可在他人身上或羣體中彰顯——只要那是上帝喜悅的。要有一樣的心思，一樣的意念。

其五，培養「神聖期待」。「神聖期待」的意思是全然仰賴上帝，相信祂有能力令任何具重大意義的事情發生。要渴求罪惡消弭，美善彰顯。要期盼上帝動工、行事、教導、勸勉、得勝。是上帝在作工，不是你在作工。

其六，以感恩的心承受煩擾。假若有噪音或煩擾，切莫抱怨發怒，卻要學習接受、克服。若有小孩走來走去，為他們祝福，並為他們的精力和能量感謝上帝。對一切煩擾寬心釋懷，那可能是來自主的信息。我講道時喜歡嬰孩和幼童留在聚會中，因為有時候他們是我講道時，我所能確定的還具有生氣的人！學習單純地接受在羣體崇拜中遇上的任何事，而不是只感覺到有煩擾攔阻你敬拜上帝。

其七，學習以敬拜為祭獻給上帝。很多時候你「不想」敬拜，也許你以往有太多不愉快的經驗，令你覺得不值得再花時間。你感覺不到上帝的權能。你覺得很少人為敬拜做好準備……但你仍須參與敬拜！你要獻上敬拜的祭。你要與上帝的子民一起說：「這些都是我的同胞，雖然我們頑固、心硬、滿身罪惡，但我們要聚集，進到上帝跟前。」很多時候當我不想敬拜，就會跪下說：「主啊，我不想敬拜，但我將接下來的時間交給你，這時間是你的——就算浪費，也要浪費在你身上。」

潘寧頓（Isaac Pennington）說，當人聚集，誠心敬拜上帝，「他們就像一堆剛剛燃起的煤，有生命的能量、精力、生氣在眾人之間湧流，令每個人都溫暖起來。」[11] 僅僅一根木柴，火力難以持久，但若一堆木柴一起燃燒，就算是劣質的柴，也可以燃起大火。毋忘箴言二十七章17節的教訓：「以鐵磨鐵，愈磨愈利……」（《和合本修訂版》）。就算是了無生氣的生命，只要願意互相砥礪，也可以使彼此獲益。

所以，操練敬拜吧，就算你不大願意！操練吧，就算敬拜令你覺得乏力又乏味。操練吧，禱告吧。操練吧，期待吧。操練吧，等候上帝在你們中間施行嶄新且充滿生命氣息的作為。

敬拜的果子

敬拜以「神聖期待」開始，以「神聖順服」作結。假若敬拜不能領你進入更多更深的順服，那不是真正的敬拜。置身於永恆聖者跟前，不可能不改變。在上帝恩光的照耀下，怨忿不可能不消散。耶穌說得好，我們要把禮物留在壇前，先去跟弟兄和好，然後再獻禮物（太五 23、24）。在敬拜中，有一股力量益加在內心結集，還有內裏的慈心會益加增添。敬拜就是經歷改變。

「神聖順服」使敬拜不致淪為我們拿來逃避日常生活壓力的麻藥。敬拜令我們能夠聽清楚服事的呼召，以至作出回應：「我在這裏，請差遣我！」（賽六 8）。真正的敬拜，會驅動我們加入上帝羔羊的軍隊，與各處的鬼魔權勢爭戰，包括個人層面、社會層面、制度層面。耶穌——上帝的羔羊——是我們的元帥，我們領受祂的差遣去服事，「以真理的道……去爭戰，去征伐……以愛還恨，與上帝的仇敵搏鬥，晝夜不停流淚禱告，還有禁食、悲慟、哀號，藉著耐心、忠信、真理、誠摯的愛、恆久忍耐，還有聖靈的果子，出盡辦法，以善勝惡……」[12] 能夠凡事竭盡全力遵行基督的吩咐，乃出於累月經年操練而得的「神聖順服」。

史佩里（Willard Sperry）說：「敬拜是現實生活中的一種謹慎、克制的冒險旅程。」[13] 敬拜不適合膽怯者、怠惰者。敬拜者必須向那位充滿冒險精神的聖靈敞開自己。一切與宗教活動相關的事物——聖殿、祭司、規條、禮儀——變得無關痛癢。敬拜只要求我們甘心樂意「用各樣的智慧，把基督的道理豐豐富富地存在心裏，用詩章、頌詞、靈歌，彼此教導，互相勸誡，心被恩感，歌頌上帝」(西三 16)。

12
指 引

你們要活在上帝的生命、仁愛、權能、智慧裏，並與眾人合一，正如與上帝合一。如此，上帝的平安與智慧會充滿你心，再無別事掌管你心——除了上帝的生命。

喬治·福克斯

今日世代，宇宙萬物引頸翹望一羣由聖靈帶領、被聖靈充溢、由聖靈加力的上帝子民。受造之物極盼一羣訓練有素、自願聚集、甘心為主捨命的子民，這些人深諳上帝的國的生命與能力。這樣的事從前發生過，也可以再發生。

的確，在今日世界各地的運動中，我們可以看見由聖靈激發的使徒式教會（apostolic church）的興起。許多人深深經歷了聖靈所賜的以馬內利——上帝與我們同在。他們獲得一個認知：藉著聖靈的大能，耶穌親臨世間，指引祂的子民；他們經驗到耶穌的帶領，這帶領既具體又及時，就像白天的雲柱、晚間的火柱。

然而僅僅知道我們擁有聖靈直接、主動、及時的引領，是不足夠的，個人指引必須服從羣體指引。也就是說，我們必須知道信徒還可以一**起**經歷聖靈直接、主動、及時的引領。我所說的羣體指引不關乎組織架構，而是一種有機的、可踐行的羣體指引，因此不關乎堂議會的決議，或宗派從上而下的指令。

觀乎近百年論及上帝指引的教導，明顯欠缺了羣體的角度。論到上帝如何透過聖經、理性、環境、聖靈感動各人，以此指引信徒，我們有相當不錯的教導。此外論到較不尋常的指引方式，譬如：天使造訪、異象、異夢、神蹟等，也有頗佳的教導。然而，論到上帝如何藉著子民——就是基督的身體——施行帶領，我們實在很少聽到——可以說，是出奇地少。

我特意將「指引」列為「羣體的靈命操練」，因為我想強調它的羣體性。上帝固然會對個人作出豐沛、深切的指引，但祂也會指引羣體行事，並透過羣體，指引個人行事。*

西方社會過度關注上帝對個人的指引，很可能是出於對個人主義的強調。綜觀歷史，上帝的子民向來不是這樣的。

上帝帶領以色列民——**一羣上帝的子民**——離開埃及的奴役。人人都可看見雲柱和火柱。他們不是恰巧向同一方向走的個體，而是上帝神權治下的一羣子民。上帝如影隨形的同在直接籠罩著他們。然而，這個民族很快就吃不消與上帝之間的零距離——上帝的同在太耀眼，卻也太可畏了，他們於是向摩西求救：「不要上帝和我們說話，恐怕我們死亡」(出二十 19)。因此摩西成為中保，先知的職事亦由此開展。先知聽了上帝的話，就

---

* 論到上帝如何指引個人行事，其中一本傑作是 Dallas Willard, *In Search of Guidance* (Ventura, CA: Regal Books, 1984)。

向百姓宣講。雖然這做法與聖靈直接指引羣體有別，但起碼他們還是在上帝治下。豈料其後，以色列連先知也厭棄，竟向上帝要求立王。從此先知成了局外人，在曠野中發出孤獨的呼聲——百姓有時聽從他們，有時殺害他們，總之他們是局外人。

上帝耐心地管教祂的子民，然後時候滿了，耶穌降世，新的一天展開，一羣子民再度聚集，直接活在聖靈的神權治下。耶穌默默忍耐，向他們示範怎樣在生活中聆聽、順服天父的聲音。祂說他們也可以聽到從天而來的聲音，尤其在他們聚集之時：「若是你們中間有兩個人在地上同心合意地求甚麼事，我在天上的父必為他們成全。因為無論在哪裏，有兩三個人奉我的名聚會，那裏就有我在他們中間」（太十八 19、20）。

耶穌在這段話中賜門徒確據和權柄。他們可以確知，人只要真誠地奉耶穌的名聚集，就可辨明祂的旨意。因為鑑察人心的聖靈在他們中間，透過不同信徒的相互守望，確保各人心意合一之時，就是他們與天父心意相合共鳴的一刻。他們因此得到確據，知道所聽到的是天上大牧者的聲音，由此帶著權柄禱告和行事。主的旨意加上會眾的合一，得出的就是權柄了。

雖然耶穌在祂的子民中是局外人，甚至最終在城外被釘十字架，但也有人稱祂為王，這些人聚集成為羣體。「那許多信的人都是一心一意的，沒有一人說他的東西有一樣是自己的，都是大家公用。使徒大有能力，見證主耶穌復活……」（徒四 32、33）。他們成了一羣滿腔熱忱的見證人，四處傳揚基督：我們可以聽到祂的聲音，我們應該遵從祂的旨意。

也許這個興旺的團契最令人訝異的特質，是其對羣體指引的重視。最美妙的示範，是他們如何差遣保羅和巴拿巴出去，踏足羅馬帝國整個版圖，傳揚上帝的國的福音（徒十三 1～13）。保羅和巴拿巴得到的呼召，是在一羣人聚集一段日子後出現的——他們進行的操練包括禱告、禁食、敬拜。他們是一羣做好準備的子民，而上帝的呼召也在羣體的崇拜中賜下：「要為我分派巴拿巴和掃羅，去做我召他們所做的工」（徒十三 2）。

在現代社會，我們有許多招募宣教士的方法，但細讀這段關乎羣體指引的記載，仍然可以大大獲益。譬如說，我們要勉勵信徒一起禁食、禱告、敬拜，直到大家辨明主的心意。

藉著羣體所得的指引，初代教會面對並解決了一個最棘手的難題（徒十五章）：一些隨己意行的基督徒，跑到安提阿去教導眾人說，所有基督徒必須行割禮。這決非雞毛蒜皮的小事，保羅一眼看穿這是猶太文化對基督教會的騎劫。

因此，一眾長老和使徒奉主名聚集，非為爭奪位分，或游說一方攻訐另一方，而是為了聽取聖靈的心意。這不是小事，各方經過激烈辯論，然後是一幅美麗的圖畫，展示了個體指引如何影響羣體指引：彼得講述他與羅馬百夫長哥尼流的會面經歷，就是當他說話之際，永活聖靈所施行的一件奇妙無比的事。彼得說完後，眾人都默默無聲（徒十五 12），最後，這個羣體得出一個榮耀、從天而來、合意同心的結論：摒棄狹隘的猶太文化習俗，恪守耶穌基督的永恆福音。他們提到「聖靈和我們定意……」（28 節），換言之，雖然他們面對當時最艱難的課題，但是辨明了從上而來的聲音。這是使徒行傳中光輝的一頁。

這件事遠遠不止解決了一個難題，它更標示了一個解決一切難題的方法。作為一羣子民，他們定意將自己放在聖靈直接的治下。他們棄絕專制極權，也棄絕無政府主義，甚至棄絕民主，即少數服從多數的原則。他們放膽活在聖靈的治下，並非因為贏得過半數支持，也並非基於妥協，而是出於聖靈引領的合一。而事後證明，他們的選擇是正確的。

無疑，那些在羣體中辨明上帝旨意的經驗，乃是保羅講論「教會是基督的身體」的重要靈感。保羅親睹聖靈將祂的恩賜賜給教會，讓各人得以相互倚賴。沒有人擁有一切，就算是最成熟的人，也需要別人幫助。最不顯眼的人，也有可貢獻的地方。沒有人可以獨自聽取上帝的整全道理。

可歎從啟示錄我們可見，在約翰領受末世啟示的日子，信徒羣體的熱心開始冷卻。到了君士坦丁的時代，教會決定接納另一個地上君王。不過初代教會的異象沒有消逝，歷世歷代總有一些羣體矢志活在聖靈的治下。今日我們又開始看見這樣的羣體聚集，為此我們向上帝感恩。

一些模範

初代教會能夠服在聖靈的治下，並非一蹴即就，我們也不可能一蹴即就。觀乎教會歷史，使徒是一步步走到那境地的，有時向前邁進少許，有時又往後退步……直到五旬節那天，他們才成了預備就緒的一羣上帝的子民。

人領略了信徒羣體直接活在聖靈治下的重大意義之後，其中一個最具破壞力的想法/説法就是：「太好了！我從明天開始要活在聖靈的治下！」這種熱心只會敗事，令自己和身邊的人受損。因此，與其馬上闖入聖靈統治的領域，不如從較卑微的做法入手。其中一個最佳學習途徑，是從一些羣體努力聽取上帝聲音的經驗，看看可以獲得甚麼啟發。

被稱為「亞西西的貧瘦修道士」的聖方濟各，是聽取上帝指引的模範。在他生命的某個階段，曾經落入「極大的懷疑與掙扎」中，他不知道應該單單委身禱告默想——當時的普遍做法——還是也要四出傳道。聖方濟各明智地求教於人。「他的生命滿有謙卑，這謙卑容不得他僅僅信靠自己或自己的禱告。因此他求問別人，為要尋求上帝在這事上的旨意。」

他寫信給兩個最信任的朋友，就是嘉勒修女（Sister Clare）和思維修士（Brother Silvester），求他們為他的事去面晤某個「更純全更屬靈的伙伴」，尋問上帝的旨意。很快，他們為此事聚集禱告，然後嘉勒修女和思維修士給了聖方濟各一個異口同聲的回覆。

送信人回到聖方濟各那裏，聖方濟各先為他洗腳，又為他預備飯食。飯後聖方濟各跪在送信人跟前，問道：「我主耶穌基督的吩咐是甚麼呢？」送信人説：「這是基督的啟示：祂希望你出去四處傳道，因為上帝呼召你，不僅為了拯救你，也為了拯救其他人。」聖方濟各認定這是來自基督的信息，就跳起來，説：「好，我們去吧——奉主的名！」他馬上開展傳道職事。早期方濟各會成功揉合神祕主義式默觀與傳福音熱忱，可以追溯到聖方濟各這經歷。[1]

從這經歷可見，聖方濟各不但尋問智者的意見，更重要的是，他要打開一個通天的窗戶，讓自己知道基督的心意。他其後聽到的是：要為自己服事的所有人求益處。

另一個領受羣體指引的模範，是名為「認清之會議」(meetings for clearness)的做法。人若有疑問，可以召開這種會議，尋問聖靈的心意。曾經有個滿有恩賜的青年，向我求問他的前路。他剛剛大學畢業，掙扎著是否要委身牧職。他做了職業性向測驗，還有一些諮詢輔導，但心裏依舊忐忑。老實說，我也不知道甚麼決定對他最好，於是建議他召開「認清之會議」。他找來幾個與他相熟的人，都是靈命成熟，又會對他說真話的人。我記得會議當晚沒有驚天動地的異象賜下，但一羣人敬拜上帝、坦誠分享的結果，是凝聚了一個支持那青年的羣體。其後那青年的恩賜和呼召終於獲得確認，今日他已經全時間參與牧職。

另一個類似的做法，由首都華盛頓的救主堂倡導：如果有會友覺得上帝帶領他去開展某事工小組或某類服事，就會「宣告呼召」——在崇拜結束前，與會眾分享異象，然後所有願意跟進的人可以與他/她面晤，一起「察驗呼召」。他們會一起研究、祈禱、探問、尋求。有時結果是眾人覺得那會友的想法不過是興之所至，就會放棄計劃。有時那會友的想法會獲得禱告或會眾交流後的確認，也許會有其他人加入，而那呼召甚至成了這些人的呼召，於是形成一個「委身者的團隊」。

對個人極重要的事，可以交付信仰羣體，眾人一起經歷明辨的過程。譬如說，我的教會曾有一對情侶覺得主帶領他們步上紅地毯，渴望由聖靈帶領的主內肢體給他們確認。幾個與他們相熟的人與他們面晤後，有這樣的報告：

> 教會委派的特別小組與馬可和碧琪面晤後，帶著喜悅的心，就他們的結婚計劃表示最衷心的支持。
>
> 我們與馬可和碧琪共度一個十分愉快的晚上，坦誠分享，同心禱告。我們關心新家庭的聖潔，因為這是上帝所命定的人際關係的核心。馬可和碧琪顯然信賴主的帶領。他們深深知道在婚姻中要提防甚麼，也清楚明白成功婚姻的關鍵，在於繼續不斷彼此委身，投靠上帝。
>
> 我們謹向教會報告：我們樂於贊同馬可和碧琪的決定。我們深信這個新家庭可以延續他們原生家庭及教會羣體的美好見證，締結上帝所命定的恩愛關係。
>
> 我們深愛馬可和碧琪，對他們寄予厚望，亦深信他們與教會的關係會延續不斷。我們期望馬可和碧琪成為教會其他計劃結婚者的榜樣。*

尋求聖靈對羣體的指引，這原則也適用於商業決定。公誼會人向來都這樣做，也顯明這做法是可行的。我們可以視業務會議為敬拜聚會。我們手頭上的資料，可以拿來交流討論，前提是要

---

* 我問准了馬可和碧琪，才分享他們的故事。

聆聽基督的聲音。論到決策，資料不過是其中一個考慮因素，僅僅擁有資料是不夠的。聖靈的帶領，有時會違反我們手頭上的資料，有時會與我們手頭上的資料吻合。當我們作出正確的決策，上帝會賜下合一的靈；如果眾人沒有聽清楚主的聲音，大家會感到不安煩擾。羣體指引的決策原則應該是合一，而不是少數服從多數。聖靈所賜的合一不僅是共識，更是彼此認知到大家都聽到了上帝的聲音。

一個經典且高潮迭起的例子，發生在一七五八年：伍爾曼等人刺中了公誼會人的良心死穴，令大家再思奴隸制度的邪惡本質。在那年的費城年會——公誼會人的商業會議——奴隸制是一個重大議題。奴隸制涉及巨大的商業利益，與會者就著這議題展開激烈爭辯。在漫長的討論中，伍爾曼大多數時間低著頭，含著淚，不發一言。經過許多小時的沉重禱告，他終於站起來，説：「上帝引領我思考一事，就是祂的純全，還有祂的公義審判，因此我的心難過不已……在這片大陸上有許多奴隸飽受壓迫，他們的呼號已經達於至高者……不能再耽擱了。」伍爾曼堅定、溫柔地指出問題所在，包括「部分人的私人利益」，還有「建立於上帝以外的友誼」。他大膽地發出先知的聲音，警誡與會者，他們若未能「堅定、恆常地盡一己之責」，上帝或會「透過可畏的公義作為，在這事上回應我們」。[2]

伍爾曼滿有慈心的發言，令與會者萌生從聖靈而來的合一，眾人同意要取締蓄奴。惠提爾（John Greenleaf Whittier）説得好，那個年會「永遠是基督教會歷史上其中一個最重要的大會」。[3]

那個決議令人印象尤其深刻的一點，是公誼會乃是當時惟一的羣體，要求擁有奴隸的會友對奴隸作出現金補償。* 另一件令人動容的事，是公誼會人在聖靈的感動下，主動做了一件沒有任何反奴隸制的革命先驅——包括華盛頓、傑弗遜（Thomas Jefferson）、派屈克．亨利（Patrick Henry）——願意做的事：取締蓄奴。一七五八年的共識決議，實在影響非凡，以至在《美國獨立宣言》簽定的那一年（一七七六年），公誼會人已經完全取締蓄奴。

今日世界各地不少基督信仰羣體，也願意倚靠聖靈的帶領作出商業決策，並經歷到其實在及可行之處，例如伊利諾州的利巴地區團契（Reba Place Fellowship）、紐約的弟兄會（Society of Brothers）、德國達姆城的瑪利姊妹會（Mary Sisterhood），這些羣體都按聖靈帶領的共識原則行事。他們確信聖靈的心意是可知的。他們奉基督的名聚集，深信主的旨意會體現在他們當中。他們尋求的不是妥協，而是從上帝而來的共識。

我曾經列席一個近兩百人的商務大會，大家激烈辯論一個題目。雖然意見極分歧，但人人真心渴望聆聽並服從上帝的旨意。經過頗長一段時間，一個合一的方向開始出現，惟少數人仍不認同。最後，有個人站起來說：「我不認同這行動方向，但我盼望你們仍然能夠愛我，以至開導我，直到我也覺得上帝帶領的

---

* 關於現金補償的金額，我們沒有具體數字，但當時的普遍做法，是按普通工人的年資計算。在英國下議院一次審議廢除奴隸制的討論中，一位名叫 Buston 的議員指出，為了釋放奴隸，北卡羅萊納州的公誼會人支出了五萬英鎊。

方向是你們所相信的方向，又或者上帝帶領我們往另一個全新的方向。」

身為局外的觀察員，眼見這些人如此溫柔地作出回應，我大為感動。會場中開始出現許多小組，大家分享、聆聽、祈禱。其後他們終於達至共識，而我對以下一節經文也有了新的體驗：「用和平彼此聯絡，竭力保守聖靈所賜合而為一的心」(弗四3)。這正是羣體指引的核心體現，也是靈命健康的指標。

靈命導師

在中世紀，就算是最偉大的聖徒，也不會覺得自己不需要靈命導師，可以探索靈程之深渺。然而在今天，除了天主教修院體制，基督徒幾乎不知道靈命導師是甚麼，更遑論尋問靈命導師了。這實在是大不幸，因為當今信徒其實極需要靈命導師——上帝可以透過弟兄姊妹指引我們。

靈命指導有歷史可以借鑑，首批靈命導師是沙漠教父，他們「辨別諸靈」的恩賜備受推崇。人們不辭勞苦，走進曠野尋找他們，只為聽取簡短慧語，即「救恩之言」，可能是對應具體情況的片言隻語，宣告上帝的旨意或審判。從《沙漠教父語錄》(*Apophthegmata*)可見他們發出之靈命指導的簡約與深邃。此外，十二世紀英國許多熙篤會弟兄，亦以明辨及指導的恩賜著稱。

靈命導師的角色是甚麼？十七世紀本篤會神祕主義者貝克(Dom Augustine Baker)說：「簡言之，他不過是上帝的侍從。他必須按上帝而非自己的心意指引人。」[4] 靈命導師的指導，一言以蔽之，是引領人到上帝這位生命導師面前。靈命導師是上帝的工具，幫助人通往聖靈在人心中的教導。

靈命導師所做的全然出乎屬靈恩賜，他只憑自己的聖潔為人提供指導。他並非高高在上，也不是教會命定的權威人士。他與受服事者的關係，是提供意見者與朋友的關係。當然他的靈命深度比受服事者為高，但雙方都在聖靈中學習與成長。

我們講了這許多關乎「魂」與「靈」的事，可能會令你以為靈命指導只涵蓋生命的一小部分——我們找靈命導師檢視靈命，就像找眼科醫生檢查眼睛——這想法是錯的。靈命指導關乎全人，也涉及所有生命之間的關係。梅頓說過這樣一個故事：有個俄羅斯靈命導師被人批評，說他花太多時間去指導一個農家老婦怎樣飼養火雞。「才不是，」他回應道：「她的**整個人生**，就是關乎她的火雞啊。」[5] 靈命指導關注的，是人生的具體生活細節，並賦予這些事情意義。套用高薩德（Jean-Pierre de Caussade）的話，我們要明白「此時此刻的神聖意義」。[6] 又如聖經所云：「所以，你們或吃或喝，無論做甚麼，都要為榮耀上帝而行」（林前十 31）。

靈命指導的起點，是自然隨興的人際關係。層級關係或組織架構是不相干的，而且通常是一種阻礙。靈命指導始於基督信仰羣體中最尋常的關懷與分享。透過相互順服與服事，這個羣體彰顯出「天國的權柄」。

靈命導師必須是坦然接納自己的人，也就是說，其全人顯出一種真正的成熟。這樣的人不受時尚風潮左右，同時能夠承受身邊的人的自私、平庸、冷漠，並且帶來轉化。他們不會論斷人，也不輕易受人影響。他們有憐憫心，信守承諾。正如保羅以提摩太為「親愛的兒子」，靈命導師也要有為人父母的心腸，並承擔責任。他們的愛不是縱容的愛，不會凡事給予無限支持。他們需要對人的心理有足夠認識，以至不會在不經意間助長權威。

靈命導師必須身處內心探索的旅途上，願意與人分享自己的掙扎與疑惑。他們與受服事者必須明白，大家都在同一旅程中，一起向主耶穌這永在的導師學習。

這樣的關係從何而來？正如上帝的國的一切事，乃從禱告而來。我們將自己的光景向上帝傾訴，然後耐心等候祂動工。祂可能吩咐我們找某人交談，或作出某些安排，這時我們就要樂意遵行。這樣的關係可以很正式，譬如修道院的安排，但也不是非得那樣。只要我們夠謙卑，相信自己可以從弟兄姊妹身上有所學習，並且知道有些人的靈命程度比自己高，就必能看到靈命指導的需要。利巴地區團契的獲特（Virgil Vogt）說得好：「人若不能好好聆聽弟兄，就不能好好聆聽聖靈。」[7]

再者，你必須知道，靈命指導有許多種形式。講道是靈命指導之一，小組服事也是。約翰．衛斯理設立「課堂聚會」和「門訓隊伍」為會眾提供靈命指導。當然，聖經就是最佳的靈命指導，我們以禱告的心閱讀，就能漸漸長成基督的樣式。

論到靈命指導對歷世歷代無數基督徒的重要性，梅頓說：「靈命導師就像屬靈父親，藉著指導，也藉著禱告及聖潔的生命榜樣，『培育』純全的靈命。他們⋯⋯在信仰羣體中是主的代表，彰顯主的同在。」[8]

羣體指引的局限

羣體指引和個人指引一樣有隱患，也許最大的隱患就是來自領袖的操控與管制。假若羣體指引的背後不是無盡的恩惠，便很容易淪為打壓異己的工具。而所謂指引，也不過是神神祕祕的號令，讓領袖可以將己意加諸各人——羣體指引變成一種威權制度，將不同意見統攝歸一。

這種扭曲的從上而下的操控，其結果是靈命活力的消弭。先知以賽亞提到彌賽亞時說：「壓傷的蘆葦，他不折斷；將殘的燈火，他不吹滅」(賽四十二 3；太十二 20)。打擊最弱小的人，摧毀最微小的希望，斷不是耶穌的想法和做法。我們一切行動，必須溫柔地進行——顧念每個個體的特殊光景。喬治．福克斯曾經與弟兄史蒂芬斯(Nathaniel Stephens)辯論，並取得壓倒性勝利。那弟兄喊道：「喬治．福克斯伴隨著陽光前來，要挪去我的星光！」喬治．福克斯回應說：「弟兄啊，讓我緊握你手……我不會損毀上帝的任何創造，就算是最微不足道的事物，更何況是你的星光！」[9]

然而一個心硬頑固的羣體，亦會抵擋由聖靈引領的領袖。領袖需要來自信仰羣體的明辨與察驗，卻也需要有作領袖的勇氣與自由。上帝呼召他們帶領，他們毋須事事向羣體請示。我們不要盲信西方民主理念，以為羣體中事無大小，人人都有發言權！上帝在教會中授命具權柄的領袖，為要在地上成就祂的事工。

另一個隱患，是羣體指引與聖經教訓相違。我們所有想法和做法，必須與聖經相融。聖靈的帶領斷不會違反祂所默示的聖言。來自聖經的外在權威，與來自聖靈的內在權威，二者在我們心中並行不悖。事實上，聖經就是一種羣體指引，是上帝藉著上帝子民的經驗向我們說話。這是「聖徒相通」的其中一種體現。

最後，羣體指引的其中一個局限，源於人的有限。我們是會犯錯的受造物，不論如何竭力盡心，偏見或恐懼總有機會影響我們在聖靈裏的合一。不過有的時候，我們僅僅是看法不同而已。保羅和巴拿巴在第二次傳道旅程，因著是否讓馬可同行而起了爭執，路加形容「二人起了爭論，甚至彼此分開」(徒十五 39)。我們在事奉上有類似的意見不同的經驗，實在不足為奇。

出現不同意見時，要以恩慈相待。事奉團隊有時要分頭行事，教會有時難免分道而行，讓我們盡力將分開的傷害減至最少。讓我們為對方禱告，求上帝賜福保守。讓我們懷著使徒保羅的信心：「或是假意，或是真心，無論怎樣，基督究竟被傳開了。為此，我就歡喜，並且還要歡喜」(腓一 18)。

魏樂德說：「上帝在歷史中的目的，是開創一個百川歸海的羣體，由滿有愛心的人組成，而祂自己也身在其中，作羣體的主要維繫者、最有榮光的一分子。」[10] 這樣的羣體，活在聖靈直接且完全的治下。上帝的榮耀使他們對別的效忠對象視而不見。他們是有滿有憐憫的羣體，踐行耶穌基督所體現的愛的律法。他們是上帝羔羊的忠勇軍隊，勤於靈命操練，從內至外不斷經歷改變。他們是一羣上帝的子民，矢志在俗世中活出福音信仰。他們進取而溫柔，強大而謙卑，不斷受苦，不斷得勝。這樣的羣體，是小眾，並以使徒為榜樣，是上帝子民的全新聚集。惟願在我們的世代，全能上帝繼續不斷招聚這樣的人，來到我們中間。

13

歡慶

基督徒從頭到腳所體現的，理應就是「哈利路亞」!

奧古斯丁

歡慶是基督之道的核心。耶穌降世的背景，是歡慶的呼聲：「我報給你們大喜的信息，是關乎萬民的」(路二 10)。耶穌離開世界前也將喜樂留給門徒：「這些事我已經對你們說了，是要叫我的喜樂存在你們心裏，並叫你們的喜樂可以滿足」(約十五 11)。

托克米（André Trocmé）在《耶穌與非暴力革命》(*Jésus-Christ et la révolution non-violente*)及其後尤達在《耶穌政治》(*The Politics of Jesus*)中，都詳述耶穌開始公開事奉的一個特點：宣告禧年來臨(路四 18、19)——這信息有深遠的社會含意。* 同樣意義深遠的，是因著耶穌的宣告，我們得知我們蒙召邁進一個永

---

* Johannes Hoekendijk 說：「禧年就是以『社會救恩』(social salvation)的方式表達『出埃及』……」(“Mission – A Celebration of Freedom,” *Union Seminary Quarterly Review*, January 1966, 141)。

恆的、在聖靈裏的禧年。這徹底的、上帝賜予的自由，令我們得以脫離錢財的捆綁，重新建構新的社會秩序，這理所當然為我們帶來歡慶的理由。當貧窮的領受福音，被擄的得自由，瞎眼的得看見，被壓迫的得釋放……我們怎能不歡呼？

觀乎舊約聖經，有關禧年的所有定例——勾消所有債項、釋放奴隸、禁止耕種農田、土地歸還原主——其實是對上帝慷慨供應的歡慶。上帝值得信賴，祂必供應我們所需。祂曾經宣告：「我必……將我所命的福賜給你們」(利二十五 21)。免於憂心與掛慮的自由，是歡慶的基礎。我們既然知道上帝顧念我們，就能夠將一切憂慮卸給祂。上帝將我們的哀哭化為跳舞。

一無掛慮的歡慶禮讚，在當今社會已成絕響，今日世界瀰漫著冷漠與鬱悶。考克斯(Harvey Cox)認為現代人被逼得「只顧工作成效及理性計算，忘卻了盡情歡慶的喜樂……」。[1]

歡慶賦予生命力量

歡慶賦予生命喜樂，喜樂令我們得力。聖經説耶和華的喜樂是我們的力量(尼八 10)。人生沒有喜樂，萬事難以持續。女人可以忍受生產之苦，因為做母親的喜樂在後頭。年輕夫妻咬緊牙關共度頭幾年的適應期，因為看重共度一生之久的恩愛。父母在子女青春期能夠百般忍耐，是因為他們知道風暴過後，子女會長大成人。

我們也許可以憑意志開始學打網球或彈鋼琴，但當中如果沒有喜樂，恐怕難以堅持。事實上，我們能夠開始學習，全因為相信喜樂在後頭。這是支撐新手的理由：學成之後會得到歡愉、滿足、喜樂。

歡慶是所有靈命操練的核心。沒有歡慶的喜樂，靈命操練就是沉悶的苦差，就是現代法利賽人手中的磨人刑具。我們進行每一樣靈命操練，都理應帶著無憂的喜悅、感恩的心情。

喜樂是聖靈的果子（加五 22）。我常覺得喜樂是引擎，帶動一切行進。當靈命操練沒有歡慶的成分，勢必難以持久。喜樂生出能量，喜樂令人剛強。

舊約律法規定以色列人一年必須聚集三次，慶賀上帝的良善。在最重要的意義上而言，那是節慶的假日（festival holidays）。在節慶中的體驗，帶給以色列民力量，並使他們團結一致。

通往喜樂之路

在靈命的層面，惟一能夠生出真正的喜樂的，就是順服。有一首古老的聖詩歌詞提到，要通往在耶穌裏的喜樂，惟獨「信靠順服」一途。聖詩作者的靈感應該是來自主耶穌，因為祂親自告訴我們，沒有別的福分可以跟順服的福分相比。聖經記載了這麼一個片段：有一個婦人在羣眾中向耶穌呼喊：「懷你胎的和乳養你的有福了！」耶穌的回應是：「是，卻還不如聽上帝之道而遵守的人有福」（路十一 27、28）。耶穌的意思是，過順服上帝的生活，比成為彌賽亞的母親更為有福！

一八七〇年，史哈拿寫了一本書，論及基督徒的喜樂，其後成為經典，這本書是《信徒快樂祕訣》(*The Christian's Secret of a Happy Life*)。書名平平無奇，卻是極有深度的著作——不是那種淺薄的「成功人生簡易四步曲」，而是抽絲剝繭地細述「在上帝蔭下的豐盛人生」是甚麼模樣，再細心分析通向此境的各樣攔阻，最後說明「全然信靠上帝的人生」有甚麼結果。基督徒之快樂人生的祕訣是甚麼？書中其中一章的章名是最好的答案：〈順服的喜樂〉。順服基督生出喜樂，喜樂是順服基督的結果。沒有順服的喜樂，是空洞的、造作的。

要想真心歡慶，在平素生活作息中，就要有順服上帝的心，不然歡慶不過是空洞的噪音。譬如說，有些人的生活方式根本不可能為家庭帶來任何快樂，但他們仍會上教會，「在聖靈裏」唱詩祈禱，以為上帝總會賜喜樂給他們。他們尋求的是毋須費勁、從天而降的福樂，讓他們不用面對生活的窘迫——但上帝的心意是轉化我們的窘迫，而不是挪去我們的窘迫。

上帝確然偶爾會在我們苦痛與頑梗之時直接以喜樂充滿我們，但那是例外情況。更常見的上帝賜喜樂的方式，是祂在人生尋常關口賜下救贖與煉淨，由此帶來喜樂。當一個家庭，成員之間滿有愛與憐憫，樂意彼此服事，這個家庭就有歡慶的理由。

有些人不斷從一家教會跑到另一家教會，嘗試尋找「耶和華所賜的喜樂」，這委實有點可悲。喜樂並不繫於唱某類敬拜詩歌，或與某些志趣相投的人交往，甚或行使聖靈恩賜——雖然上述都是好事。喜樂的關鍵是順服。當耶穌的權能進入我們的工作與玩樂，不斷施行救贖，原本的哀哭就會轉化為喜樂。忽略了這點，就會錯失道成肉身的真義。

因此我將歡慶放在本書最後一章。喜樂是靈命操練運行在我們身上所生出的最終果效。上帝透過靈命操練轉化我們的生命，除非我們內心有所改變，不然不會有真正的喜樂。太多人太急於獲取喜樂了。許多時候我們勸人要大大喜樂，可惜事實上那人的生命不曾經歷改變與轉化；上帝不曾闖進他們的日常瑣碎經驗，他們的生活依然故我。但當無常的生命獲得救贖，歡慶就來得自然而然。

我們必須小心避免一種歡慶，就是沒有內容的歡慶。更差勁的，是根本沒有歡慶的心，卻仍假裝歡慶。兒女看得最清楚了：父母在餐前謝飯禱告後，隨即滿口怨言——心無感謝的謝飯禱告。其中一種對孩童的極大傷害，是當他們不覺得有何事值得感恩，大人卻強迫他們感恩。我們製造歡慶氣氛，但蒙蔽不了內心的矛盾。

今日有個流行說法，就是要為生命中所經歷的一切困難頌讚上帝，有人聲稱這樣的頌讚蘊含著巨大的改變力量。從最好的角度看，這是勉勵人將眼光放遠一些，憑信心的眼睛，眺望將來，並喜樂地確信上帝掌管一切，祂能使萬事互相效力，使愛祂的人得益處。但從最壞的角度看，這說法否認了罪惡的醜陋，甚至將最可怖的悲劇美化成上帝的旨意。聖經說，我們要在一切景況中常存感恩的心，卻不曾說要歡慶罪惡的存在。

一無掛慮的歡慶

使徒保羅勉勵我們：「你們要靠主常常喜樂。我再說，你們要喜樂」(腓四 4)。怎樣可以做到？保羅續道：「應當一無掛慮。」這是獲得喜樂的消極做法——積極做法是：「只要凡事藉著禱告、祈求，和感謝，將你們所要的告訴上帝。」結果是甚麼？「上帝所賜、出人意外的平安，必在基督耶穌裏，保守你們的心懷意念」(腓四 6、7)。

保羅教我們怎樣常常喜樂，他的第一個提醒是「一無掛慮」。耶穌也有相同的教導：「不要為生命憂慮吃甚麼，喝甚麼；為身體憂慮穿甚麼」(太六 25)。兩段經文所用的同一個詞語，翻譯出來就是「掛慮」或「憂慮」。上帝呼召我們要一無掛慮，但這是違反我們本性的。打從兩歲開始，大人就教我們要萬事小心。我們看見孩子衝向校巴，衝口而出的就是：「小心啊！」小心，就是時刻掛慮提防。

我們很難有歡慶的心——除非學會一無掛慮；我們難以一無掛慮——除非學會信靠上帝。因此禧年是舊約中的重要節慶。除非以色列民深信上帝有能力供應他們的生活所需，否則沒有人斗膽歡慶禧年。

當我們信靠上帝，就得到自由，能夠全然仰賴祂供應所需：「凡事藉著禱告、祈求，和感謝，將你們所要的告訴上帝」。藉著禱告，我們搖動上帝的手，得以在一無掛慮的歡慶中度日。

不過保羅的教導不止於此。單憑禱告與信靠，不足以帶來喜樂。保羅進而勸勉我們，要時刻思念凡是真實的、可敬的、公義的、清潔的、可愛的、有美名的事（腓四8）。上帝創造了一個充滿美好事物的世界，我們細心欣賞美好的事物，就會快樂。這是上帝命定的通往喜樂之路。若以為喜樂只來自祈禱和唱詩，就難免沮喪失望；但如果生命圍繞著簡單美好的事物，又常存感恩的心，就自然滿有喜樂。遇上問題與困難嗎？只要定意時刻思念生命中的美好事物，就無餘暇多想了——問題與困難，會淹沒在美好的事物中。

要定意思念生命中的美好事物，這需要堅定的意志，因此歡慶是靈命操練。歡慶不是自然而然的事，而是刻意選擇某一種思考/生活方式的結果。我們作了選擇，基督的醫治和救贖會進入我們的生命及人際關係深處，其必然的結果，就是喜樂。

歡慶的益處

歡慶的最大益處顯而易見，就是令人不會將自己看得太重要——尤其對那些認真進行靈命操練的人而言，這是他們極需要的恩典。敬虔人總有個通病，就是悶不可耐，但這是可以避免的。其實我們理應是最自由、活潑、有趣的一羣，而歡慶可以為我們的生命增添一點生氣、喜慶、樂趣。畢竟耶穌在世時最懂得享受生命，甚至被誣蔑為貪食好酒之徒！而我們許多人的生命沉悶之至，根本不可能被貼上那樣的標籤。

我當然不是建議大家胡作非為，而是說我們需要更深更真地經驗歡欣之情。能夠對生命有更豐富的欣賞能力，就能夠為生命帶來更多醫治與更新。靈命操練過度，我們會感到疲憊，正如工作過度，身體會顯出疲態。歡慶有助鬆馳身心，享受世上美事美物。

人生難免偶遇哀愁，心情大受打擊——歡慶是最好的解藥。今日抑鬱症肆虐，歡慶可以遏止這狂潮。芬乃倫的名著有一章名為〈愁苦中的幫助〉，建議快要被生活重擔壓垮的人，要「多多與人聊天，甚至作樂一番」。[2]

歡慶的另一益處，是為人提供新的眼光。我們可以調侃自己。我們會發現自己捍衛的事情，其實沒有所想的那麼重大。在歡慶中，位高權重的會降卑，渺小卑微的會升高。坦白說，在上帝的節慶中，誰還顯得太高或太低呢？富的、貧的、掌權者、無權者，都一起頌讚上帝的榮美與奇妙。在歡慶中，一切高低等級全然消失。

我們既然免於過分看重自己，也就得以逃離論斷人的束縛。其他人不再令人討厭，不再靈命低落。眾人可以同享喜樂，而非作彼此的道德判官。

最後一個益處十分有意思，歡慶有個特性，就是會帶來更多歡慶。喜樂生出喜樂，歡笑生出歡笑。人生很少事是愈分享愈增多的，歡慶就是其中之一。祁克果說的「幽默總有個形影不離的伙伴」，[3] 就是這個意思。

歡慶的操練

歡慶主要是羣體的靈命操練，為上帝的子民帶來莫大益處。然而我們該怎樣操練？這是個好問題，因為現代人的生活大致已被規範得近乎機械化，幾乎難以經驗到即興的喜樂。我們大多數歡慶，都是造作的、僵硬的。

操練歡慶，可以藉著唱歌、跳舞、呼喊。當人嘗到上帝的良善，心底就會湧出詩章、頌詞、靈歌，以及敬拜、讚頌、愛慕。詩篇一百五十篇提到上帝子民的歡慶場面，有角、瑟、琴、鼓、跳舞、絲弦的樂器、簫、大響的鈸。

小孩子如何歡慶？他們諠譁，盡情諠譁。在合宜的時候，諠譁是合宜的，正如在合宜的時候，安靜是合宜的。當小孩子歡慶，他們手舞足蹈。昔日以色列民蒙上帝的大能拯救，脫離埃及王法老的奴役，女先知米利暗帶領百姓大大歡慶，跳舞唱歌（出十五 20）。大衛曾經在耶和華面前雀躍跳舞（撒下六 14、16）。舞蹈是文化的載體，在歡慶中一直被沿用。當然舞蹈也會被用於不當或邪惡的場合，但那全然是另一回事。

唱歌、跳舞、諠譁不是歡慶的必備形式。它們不過是一些例子，讓人知道「地和其中所充滿的」確然都屬耶和華。我們要像彼得那樣了解到，沒有任何來自上帝恩手之物是不潔淨的（徒十章）。我們可以自由地、發自肺腑地頌讚上帝的良善。

笑是另一個操練歡慶的方法。俗語說「笑是最好的藥」，實在大有道理。卡森斯（Norman Cousins）在《笑退病魔》（*Anatomy of an Illness*）中記述怎樣以「大笑療法」治癒自己的一個重症。他在醫院病牀上不斷觀看馬克斯兄弟（Marx Brothers）的喜劇，還有《隱藏攝影機》（*Candid Camera*）這節目。這些令他捧腹大笑的作品，似乎有鎮痛作用，讓他安然入睡。其後醫生也證實了他的大笑，對他的身體的化學反應，帶來正面影響。

何不多笑呢？耶穌極具幽默感，祂的一些比喻其實相當惹笑。觀乎教會歷史，在不同的復興運動中，甚至有一個常見的現象，人稱「神聖大笑」（holy laughter）。我自己不曾經歷這「神聖大笑」，但我親眼見過，也肯定它的益處。不過無論上帝有沒有賜下這特別的恩賜，人皆可享受大笑一場啊。

所以做人開心一點吧！多聽有益身心的笑話，或有趣的順口溜。欣賞喜劇傑作。學習大笑，這是一種操練。卸下矜重——做人毋須時刻盡顯深度。

第三個操練歡慶之道，是多用關乎創造力與想像力的恩賜。考克斯認為「人有兩個功能萎縮了：歡慶與想像」。[4] 他又說：「昔日有異象者獲封聖人，神祕主義者備受景仰，今日他們只會被研究、敷衍，甚至被關進精神病院。總而言之，在我們這時代，人們以不信任的眼光看待狂想。」[5]

我們這些追隨基督的人，理應敢於抗衡文化潮流。讓我們重拾小孩子的狂想遊戲吧。願我們看見異象，編織美夢。願我們玩樂、歌唱、大笑。想像力可以釋放大量創意，而且趣味盎然。惟有那些擔心自己不夠成熟的人，才會害怕這種賞心悅目的歡慶形式。

讓我們珍惜別人的創意，雕塑、繪畫、戲劇、音樂，但凡藝術工作者，都是上帝賜予我們的厚禮。我們可以舉辦藝術展，展示他們的作品；我們可以在小組聚會中唱他們的歌，甚或舉辦音樂會；我們可以邀請他們演出話劇；我們可以舉辦家庭小型展覽，展示孩子們的畫作。有何不可呢？這些活動既好玩，又可建立社羣關係。

另一樣可做的，是將家庭活動化為歡慶及感恩。在我們的社會而言，這些活動就是生日、畢業、結婚、結婚週年紀念等。我認識一對夫婦，每個結婚週年會種一棵樹——他們的農場一角如今有片小樹林，由接近四十棵樹組成，默默見證他們的愛與忠貞。

我們也可以慶賀一些特別的事情，譬如完成重大計劃、找到工作、加薪等。此外，何不隨興設立一些歡慶項目？例如全家人圍在一起彈琴唱歌？又或者與家人共享學習土風舞的時光？可以設定一些全家人一起玩遊戲、看電影、閱讀的時間，可以將拜訪親戚化為歡慶親戚關係的機會……我猜你肯定還可以想出更多只屬於你的家庭的活動。

第五樣可做的，是把握時機，在已有的節日中好好歡慶。譬如說，聖誕節是極佳的歡慶機會，無疑它已變得很商業化，但你毋須消極跟隨。在聖誕節人們重視送禮，但禮物可以多姿多采。幾年前我小兒子剛學彈鋼琴，他在聖誕節送給每個家人一份特別禮物——每人一首他剛學會的樂曲。此前他把一些大盒子包上禮物紙，要各人猜裏面的禮物是甚麼。每個人打開禮物盒，是各不相同的樂曲，由他即席彈奏。多開心！多好玩！

復活節又如何？忘記春季時裝秀，歡慶復活的大能！你可以與家人一同製作復活節短劇，也可以重新慶祝五朔節（May Day），你還可以去野外採花送給鄰居和朋友。為世界的五彩繽紛、花團錦簇而歡欣吧！為何容讓萬聖夜（Halloween）變成異教徒節日，甚至記念幽暗權勢？你可以將家居及教會裝飾得光輝耀目，唱詩慶賀基督戰勝黑暗！孩童（及成人）可以裝扮成聖經人物，或教會歷世歷代的聖人。

在中世紀，有個節慶叫「笨蛋節」（Feast of Fools），[6] 所有平日不容人挑戰的體制人事，在這一天可以被公然開玩笑以至嘲諷，譬如基層教士可以戲仿上司，羣眾可以調侃官員——當然還有其他縱容酒色的行為。我們不必全然仿效人們在「笨蛋節」所做的，然而，我們的確偶爾要懂得開自己玩笑。今日社會風氣是彼此攻訐，如果能夠以戲謔取而代之，可能是好事。

歡慶不限於公眾節日，我們可以自創節慶。有一家教會每年有個特別慶典，主題是向牧者表達欣賞並致謝。每個家庭會自製心意卡，還會預備各樣幽默小品、短劇、分享、笑話等。我身為牧者之一，十分享受當中的笑料和暖意。為何人們只懂得在牧者呈辭後為他們舉行歡送會？如果多向牧者表達欣賞，可能他們心被激勵，會在事奉崗位多留一會。

另有一家教會在聖誕節舉辦「光明節」（festival of lights），有音樂表演、話劇，但最重要的，是有許多人參與。還有一家教會每季舉辦一次聚餐，以世界各地美食為主題：瑞典餐、愛爾蘭餐、日本料理等。

在我教書的地方，每年會舉辦一個節慶，名為「春天交響曲」，它對心靈帶來的益處委實數之不盡。它是萬眾期待的活動，由專業團隊策劃、執行、傾力製作，包括動聽的音樂、精緻的服飾、悅目的裝飾，決非徒具虛名的湊興之作。舉辦這個活動並不便宜、簡單，涉及大量時間、心力、金錢，但在我們一起尋求上帝的國的路上，我們需要這些歡慶的喜樂。

歡慶賦予我們進行其他所有靈命操練所需的力量。當我們堅持不懈地進行其他各項靈命操練，便得以脫離使舊生命悲慘不已的各樣捆綁，這喚起更多的歡慶。一個生生不息的循環由此出現，帶來生命與權能。

結語

來到本書的終點了，但這卻是我們旅程的起點。我們知道了**默想**如何令心靈更敏銳，它慢慢地帶領我們進入**禱告**。然後我們發現，**禁食**與禱告相伴，相輔相成。有了這三項靈命操練，我們得以進入**研習**，研習令我們懂得辨明自己及身處的世界。

透過**簡樸**生活，我們彼此真誠相待。**獨處**過後，我們再與人相處時，能夠以真面目示人。藉著彼此**順服**，我們不再以操控為人際關係的主調。藉著彼此**服事**，我們成為別人的祝福。

認罪使心靈獲得釋放，可以自由自在地**敬拜**上帝。敬拜引領我們進入上帝的**指引**。當我們自由地踐行所有靈命操練，就帶來**歡慶**的禮讚。

靈命操練是一個邀請，呼喚我們攀登靈性的山嶽。此刻我們身在山麓，眼前是終年積雪的山巒，令人心馳神往。就讓我們全心信靠我們的嚮導，祂已經為我們開拓通道，登上至高的山巔。

註 釋

第 1 章

1. John Woolman, *The Journal of John Woolman* (Secaucus, NJ: Citadel Press, 1972), 118.
2. Thomas Merton, *Contemplative Prayer* (Garden City, NY: Doubleday, 1969), 37.
3. Heini Arnold, *Freedom from Sinful Thoughts: Christ Alone Breaks the Curse* (Rifton, NY: Plough Publishing House, 1973), 94.
4. Emmet Fox, *The Sermon on the Mount* (New York: Harper & Row, 1938), 88.
5. Arnold, *Freedom From Sinful Thoughts*, 82.
6. Frank S. Mead, ed., *Encyclopedia of Religious Quotations* (London: Peter Davis, 1965), 400.

第 2 章

1. Morton T. Kelsey, *The Other Side of Silence: A Guide to Christian Meditation* (New York: Paulist Press, 1976), 83.
2. Madame Guyon, *Experiencing the Depths of Jesus Christ* (Goleta, CA: Christian Books, 1975), 3.
3. Timothy Ware, ed., *The Art of Prayer: An Orthodox Anthology* (London:

Faber & Faber, 1966), 110.

4. Jeremy Taylor, *The House of Understanding: Selections from the Writings of Jeremy Taylor,* ed. Margaret Gest (Philadelphia, PA: University of Pennsylvania Press, 1954), 106.
5. Dietrich Bonhoeffer, *The Way to Freedom* (New York: Harper & Row, 1966), 57.
6. Guyon, *Experiencing the Depths of Jesus Christ,* 32.
7. Thomas à Kempis, *The Imitation of Christ* (Garden City, NY: Image Books, 1955), 85.
8. Thomas Merton, *Contemplative Prayer* (Garden City, NY: Doubleday, 1969), 59.
9. Morton Kelsey 在其著作 *The Other Side of Silence* 就東方式默想、基督教默想有極佳分析，尤其可參看頁 1、57、98、121。
10. Thomas Merton, *Spiritual Direction and Meditation* (Collegeville, MN: Liturgical Press, 1960), 68.
11. Merton, *Contemplative Prayer*, 39.
12. William Penn, *No Cross, No Crown,* ed. Ronald Selleck (Richmond, IN: Friends United Press, 1981), xii.
13. Merton, *Contemplative Prayer*, 29.
14. A. W. Tozer, *The Knowledge of the Holy* (New York: Harper & Brothers, 1961), 20.
15. Elizabeth O'Connor, *Search for Silence* (Waco, TX: Word Books, 1971), 95.
16. Merton, *Spiritual Direction and Meditation*, 98.
17. 同上，頁 47。
18. Alexander Whyte, *Lord, Teach Us to Pray* (New York: Harper & Brothers, n.d.), 249.
19. Lynn J. Radcliffe, *Making Prayer Real* (New York: Abington-Cokesbury Press, 1952), 214.
20. St. Francis de Sales, *Introduction to the Devout Life*, trans. John K. Ryan (New York: Doubleday, 1955), 84.

21. Merton, *Contemplative Prayer*, 59.
22. Merton, *Spiritual Direction and Meditation*, 75.
23. Bonhoeffer, *The Way to Freedom,* 59.
24. Whyte, *Lord, Teach Us to Pray,* 249～250.
25. 同上，頁 251。
26. Evelyn Underhill, *Practical Mysticism* (New York: Dutton, 1943), 90.
27. Merton, *Spiritual Direction and Meditation*, 88～89.

第 3 章

1. E. M. Bounds, *Power Through Prayer* (Chicago: Moody Press, n.d.), 23.
2. 同上，頁 38。
3. 同上，頁 38、77。
4. 同上，頁 41、54。
5. 同上，頁 13。
6. Thomas Merton, *Contemplative Prayer* (Garden City, NY: Doubleday, 1969), 11.
7. Søren Kierkegaard, *Christian Discourses,* trans. Walter Lowie (Oxford: Oxford University Press, 1940), 324.
8. Meister Eckhart, *Meister Eckhart,* trans. C. de B. Evans, Vol. 1 (London: John M. Watkins, 1956), 59.
9. Lynn J. Radcliffe, *Making Prayer Real* (New York: Abington-Cokesbury Press, 1952), 214.
10. Frank C. Laubach, *Prayer the Mightiest Force in the World* (New York: Fleming H. Revell, 1946), 31.
11. Frank C. Laubach, *Learning the Vocabulary of God* (Nashville, TN: Upper Room, 1956), 33.
12. Bounds, *Power Through Prayer,* 83.
13. Thomas R. Kelly, *A Testament of Devotion* (New York: Harper & Brothers, 1941), 124.
14. 同上，頁 35。

15. Bounds, *Power Through Prayer,* 35.

第 4 章

1. John Wesley, *The Journal of the Reverend John Wesley* (London: Epworth Press, 1938), 147.
2. David R. Smith, *Fasting: A Neglected Discipline* (Fort Washington, PA: Christian Literature Crusade, 1969), 6.
3. Arthur Wallis, *God's Chosen Fast* (Fort Washington, PA: Christian Literature Crusade, 1971), 25.
4. Dietrich Bonhoeffer, *The Cost of Discipleship* (New York: Macmillan, 1959), 47.
5. E. M. Bounds, *Power Through Prayer* (Chicago: Moody Press, n.d.), 25.
6. John Wesley, *Sermons on Several Occasions* (London: Epworth Press, 1971), 301.
7. Smith, *Fasting: A Neglected Discipline,* 39.
8. Thomas R. Kelly, *A Testament of Devotion* (New York: Harper & Brothers, 1941), 35.
9. Wallis, *God's Chosen Fast*, 66.
10. Elizabeth O'Connor, *Search for Silence* (Waco, TX: Word Books, 1971), 103～104.
11. Wesley, *Sermons on Several Occasions,* 297.

第 5 章

1. Martin Buber, *Tales of the Hasidim: Early Masters* (New York: Schocken Books, 1948), 111.
2. André Gide, *If It Dies*, trans. Dorothy Bussey (New York: Random House, 1935), 83.
3. Evelyn Underhill, *Practical Mysticism* (New York: World, Meridian Books, 1955), 93～94.
4. Fyodor Dostoevski, *The Brothers Karamazov* (Chicago: Encyclopaedia

Britannica, Great Books, 1952), 167.

5. Charles Noel Douglas, ed., *Forty Thousand Quotations* (Garden City, NY: Halcyon House, 1940), 1680.

第 6 章

1. Richard E. Byrd, *Alone* (New York: Putnam, 1938), 19.
2. Arthur G. Gish, *Beyond the Rat Race* (New Canaan, CT: Keats, 1973), 21.
3. 同上，頁 20。
4. Søren Kierkegaard, *Christian Discourses*, trans. Walter Lowie (Oxford: Oxford University Press, 1940), 322.
5. 同上，頁 27。
6. John Wesley, *The Journal of the Reverend John Wesley* (London: Epworth Press, 1938), Nov. 1767.
7. Ronald J. Sider, *Rich Christians in an Age of Hunger* (Downers Grove, IL: InterVarsity Press, 1977), 18.
8. Kierkegaard, *Christian Discourses*, 344.
9. John Woolman, *The Journal of John Woolman* (Secaucus, NJ: Citadel Press, 1972), 144～145.
10. 同上，頁 168。
11. George Fox, *Works*, Vol. 8 (Philadelphia, 1831), 126. Epistle 131.

第 7 章

1. Elizabeth O'Connor, *Search for Silence* (Waco, TX: Word Books, 1971), 132.
2. Dietrich Bonhoeffer, *Life Together* (New York: Harper & Row, 1952), 77, 78.
3. Catherine de Hueck Doherty, *Poustinia: Christian Spirituality of the East for Western Man* (Notre Dame, IN: Ave Maria Press, 1974), 23.
4. Thomas à Kempis, *The Imitation of Christ* (New York: Pyramid, 1967), 18.
5. John Woolman, *The Journal of John Woolman* (Secaucus, NJ: Citadel Press, 1972), 11.
6. Bonhoeffer, *Life Together,* 79.

7. Doherty, *Poustinia*, 212.
8. St. John of the Cross, *The Collected Works of St. John of the Cross*, trans. Kieran Kavanaugh and Otilio Rodriguez (Garden City, NY: Doubleday, 1964), 296.
9. 同上，頁 363。
10. 同上，頁 295。
11. 同上，頁 364。
12. 同上，頁 365。
13. Bonhoeffer, *Life Together*, 80.
14. Thomas Merton, *The Sign of Jonas* (New York: Harcourt, Brace, 1953), 261.
15. Doherty, *Poustinia*, 216.

第 8 章

1. Thomas à Kempis, *The Imitation of Christ*, in *The Consolation of Philosophy* (New York: Random House, 1943), 139.
2. *Hymns for Worship* (Nappanee, IN: Evangel Press, 1963), 248.
3. John Howard Yoder, *The Politics of Jesus* (Grand Rapids, MI: Eerdmans, 1972), 181 ~ 82.
4. 同上，頁 181。
5. 同上，頁 186。
6. Kempis, *The lmitation of Christ*, 172.

第 9 章

1. Thomas R Kelly, *A Testament of Devotion* (New York: Harper & Brothers, 1941), 124.
2. St. Francis of Assisi, *Selections from the Writings of St. Francis of Assisi* (Nashville, TN: Upper Room Press, 1952), 25.
3. John Milton, *The Complete Works of John Milton* (New York: Crown, 1936), 614.
4. C. H. Dodd, quoted in William Barclay, *The Letters of John and Jude*

(Philadelphia, PA: Westminster Press, 1960), 68, 69.

5. William Law, *A Serious Call to a Devout and Holy Life* (Nashville, TN: Upper Room Press, 1952), 26.
6. Thomas à Kempis, *The Imitation of Christ*, in *The Consolation of Philosophy* (New York: Random House, 1943), 211.
7. Brother Ugolino di Monte Santa Maria, *The Little Flowers of St. Francis* (Garden City, NY: Doubleday, 1958), 58 ~ 60.
8. Dietrich Bonhoeffer, *The Cost of Discipleship* (New York: Macmillan, 1963), 188.
9. Jeremy Taylor, *The Rule and Exercises of Holy Living in Fellowship of the Saints: An Anthology of Christian Devotional Literature* (New York: Abingdon-Cokesbury Press, 1957), 353.
10. Dietrich Bonhoeffer, *Life Together* (New York: Harper & Row, 1952), 99.
11. François Fénelon, *Christian Perfection* (Minneapolis, MN: Bethany Fellowship, 1975), 34.
12. 同上，頁 36。
13. Bernard of Clairvaux, *St. Bernard on the Song of Songs* (London: Mowbray, 1952), 70.
14. Bonhoeffer, *Life Together*, 97.
15. 同上，頁 98。

第 10 章

1. Dietrich Bonhoeffer, *Life Together* (New York; Harper & Row, 1952), 112.
2. 同上，頁 118。
3. Agnes Sanford, *The Healing Gifts of the Spirit* (New York: Holman, 1966), 110.
4. Bonhoeffer, *Life Together,* 116.
5. St. Alphonsus Liguori, " A Good Confession, " in *To Any Christian* (London: Burns & Oates, 1964), 192.
6. Douglas Steere, *On Beginning from Within* (New York: Harper & Brothers,

1943), 80.

7. Liguori, "A Good Confession," *To Any Christian*, 193.
8. Geoffrey Chaucer, *The Canterbury Tales* (Baltimore: Penguin Books, 1959), 23.
9. E. M. Bounds, *Power Through Prayer* (Chicago: Moody Press, n. d.), 77.
10. Liguori, "A Good Confession," *To Any Christian*, 195.
11. Bonhoeffer, *Life Together,* 118.「活在十字架的清影中」(living under the cross)這用語乃出自潘霍華。
12. Sanford, *The Healing Gifts of the Spirit,* 117.

第 11 章

1. A W. Tozer, *The Knowledge of the Holy* (New York. Harper & Brothers, 1961), 11.
2. 同上，頁 21。
3. Frank C. Laubach, *Learning the Vocabulary of God* (Nashville, TN: Upper Room, 1956), 22 ~ 23.
4. Brother Lawrence, *The Practice of the Presence of God* (Nashville, TN: Upper Room, 1950), 32.
5. Douglas Steere, *Prayer and Worship* (New York: Edward W. Hazen Foundation, 1942), 36.
6. Thomas R. Kelly, *The Eternal Promise* (New York: Harper & Row; 1966), 72.
7. 同上，頁 74。
8. George Fox, Epistle 288 (1672) quoted in *Quaker Religious Thought* 15 (Winter 1973 ~ 1974): 23.
9. François Fénelon, *Christian Perfection* (Minneapolis, MN: Bethany Fellowship, 1975), 4.
10. Thomas Merton, *Contemplative Prayer* (Garden City, NY: Doubleday, 1969), 42.
11. 引自 D. Elton Trueblood, *The People Called Quakers* (New York: Harper & Row, 1966), 91。

12. James Nayler, *A Collection of Syndry Books, Epistles, and Papers, Written by James Nayler*, etc. (London, 1716), 378.
13. Willard Sperry, " Reality in Worship, " in *The Fellowship of Saints: An Anthology of Christian Devotional Literature*, ed. Thomas S. Kepler (New York: Abingdon-Cokesbury Press, 1963), 685.

第 12 章

1. Brother Ugolino di Monte Santa Maria, *The Little Flowers of St. Francis* (Garden City, NY: Doubleday, 1958), 74 ～ 78.
2. Rufus M. Jones, *The Quakers in the American Colonies* (New York: Norton, 1921), 517.
3. John G. Whittier, ed., *The Journal of John Woolman* (London: Headley Brothers, 1900), 13
4. Thomas Merton, *Spiritual Direction and Meditation* (Collegeville, MN: Liturgical Press, 1960), 12.
5. 同上，頁 8。
6. Jean-Pierre de Caussade, *The Sacrament of the Present Moment*, trans. Kitty Muggeridge (San Francisco, CA: Harper & Row, 1982).
7. Dave and Neta Jackson, *Living Together in a World Falling Apart* (Carol Stream, IL: Creation House, 1974), 101.
8. Merton, *Spiritual Direction and Meditation,* 9.
9. George Fox, *The Journal of George Fox* (London: Headley Brothers, 1975), 184.
10. Dallas Willard, " Studies in the Book of Apostolic Acts: Journey into the Spiritual Unknown. "（不曾出版）

第 13 章

1. Harvey Cox, *The Feast of Fools* (Cambridge, MA: Harvard University Press, 1969), 12.
2. François Fénelon, *Christian Perfection* (Minneapolis, MN: Bethany

Fellowship, 1975), 102.

3. D. Elton Trueblood, *The Humor of Christ* (New York: Harper & Row, 1964), 33.
4. Cox, *The Feast of Fools,* 11.
5. 同上，頁 10。
6. 同上，頁 3。

常見名詞漢英對照表

兩劃	十字約翰	St. John of the Cross
三劃	大德蘭	St. Teresa of Avila
四劃	尤達	John Howard Yoder
	方濟各・沙肋爵	Francis de Sales
	公誼會	Quakers
五劃	布雷納	David Brainerd
	史迪亞	Douglas Steere
	史哈拿	Hannah Whitall Smith
	《卡拉馬佐夫兄弟》	*The Brothers Karamazov*
	司布真	Charles Spurgeon
六劃	祁克果	Søren Kierkegaard
	考克斯	Harvey Cox
	伍爾曼	John Woolman
	托馬斯・凱利	Thomas Kelly
	《伍爾曼日記》	*The Journal of John Woolman*

七劃	芬乃倫	François Fénelon
	杜赫蒂	Catherine de Hueck Doherty
	杜魯柏	D. Elton Trueblood
	杜斯妥也夫斯基	Fyodor Dostoevski
	阿諾德	Heini Arnold
八劃	亞歷山大 · 懷特	Alexander Whyte
	肯培多馬	Thomas à Kempis
	明谷的伯爾納鐸	Bernard of Clairvaux
九劃	威廉 · 佩恩	William Penn
	紀德	André Gide
十劃	《效法基督》	*The Imitation of Christ*
	泰勒	Jeremy Taylor
	茱莉安	Julian of Norwich
	恩德曉	Evelyn Underhill
	陶恕	A. W. Tozer
十一劃	梅頓	Thomas Merton
十二劃	勞百克	Frank Laubach
	勞倫斯弟兄	Brother Lawrence
	勞威廉	William Law
	《敬虔與聖潔生活的嚴肅呼召》	*A Serious Call to a Devout and Holy Life*
	喬治 · 福克斯	George Fox
十三劃	塞勒的彼得	Peter of Celle
	蓋恩夫人	Madame Guyon
	《聖方濟各的小花》	*The Little Flowers of St. Francis*
	《與神同在》	*The Practice of the Presence of God*

十四劃	瑣羅亞斯德	Zoroaster / Zarathustra
	《團契生活》	*Life Together*
十七劃	魏樂德	Dallas Willard
十九劃	羅利	Richard Rolle

緊扣時代 服事教會

以文字傳揚基督真道

讀者意見表

衷心多謝你購買本社書籍。本社一直致力以出版事工服事教會，幫助信徒扎根於神的話語，促進靈命增長。為使我們的出版更能滿足你的需要，請填寫下列各項資料，並寄回或傳真予本社。

所購書籍：________________

本書最吸引你的地方：

☐作者 ☐適切性 ☐文筆 ☐設計 ☐實用性

☐其他：________________

購買本書地點：

☐基道書樓 ☐基督教書店 ☐非基督教書店

性別：☐男 ☐女 職業：________________

信仰：☐基督徒 ☐非基督徒

年齡：☐16歲或以下 ☐17～25歲 ☐26～35歲

☐36～55歲 ☐56歲或以上

學歷：☐中三或以下 ☐中五 ☐預科

☐大學 ☐研究院

☐我欲更多了解基道出版社的事工及考慮支持，請寄給我下列資料：

☐機構簡介 ☐新書資料 ☐基道會員通訊

☐《基道文字事工通訊》

姓名：________________ 電話：________________

地址：________________

____

傳真：________________ 電子郵件：________________

其他意見：________________

____

多謝賜教！

意見表可以傳真（2687-0281）或直接郵寄以下地址：
香港沙田火炭坳背灣街26號富騰工業中心1011室
基道出版社編輯部收